Gianandrea Serafin

# DIRITTO E TECNICHE
# DI POLIZIA GIUDIZIARIA

*Aspetti teorici e pratici per operatori di polizia*

*Diritto e tecniche di polizia giudiziaria. Aspetti teorici e pratici per operatori di polizia*
© 2016 Gianandrea Serafin

ISBN: 978-1-326-84602-2

Lulu Press
https://www.lulu.com/it

I edizione: novembre 2016

Tutti i diritti riservati. Ogni violazione sarà perseguita a termini di legge.
Impaginazione testi e copertina: © *2016 Gianandrea Serafin*
E-mail: redazione_crimelogos@libero.it

# SOMMARIO

**Introduzione** 09
*di Gianandrea Serafin*

**Capitolo I** 11
*Norma giuridica e diritto positivo*

**Capitolo II** 13
*I principi del diritto penale*

**Capitolo III** 15
*Il reato*

**Capitolo IV** 23
*Le forme di manifestazione del reato*

**Capitolo V** 27
*Le cause di giustificazione*

**Capitolo VI** 29
*L'imputabilità penale*

**Capitolo VII** 31
*Il procedimento penale e la pena*

**Capitolo VIII** 35
*La polizia giudiziaria*

**Capitolo IX** 43
*Gli atti della polizia giudiziaria*

**Capitolo X** 51
*L'identificazione delle persone*

**Capitolo XI** 65
*Il sequestro*

**Capitolo XII** 69
*Arresto e fermo*

**Capitolo XIII** 77
*I reati dei pubblici ufficiali e dei privati contro la pubblica amministrazione*

**Riferimenti bibliografici** 83

# Introduzione

Questo volume nasce dall'idea di creare uno strumento agevole per quanti, ufficiali e agenti di polizia, vogliano meglio comprendere le tematiche inerenti il diritto penale, la procedura penale e l'attività di polizia giudiziaria sia per quanto attiene gli aspetti teorici sia, naturalmente, nell'applicazione della pratica di polizia.
Si tratta, come detto, di un opera di facile consultazione che potrà servire agli operatori di polizia giudiziaria e non che operano quotidianamente sul campo.
L'intento dell'autore, infatti, è stato quello di predisporre un testo non appesantito da fuorvianti questioni dottrinali, che sicuramente ne avrebbero reso meno agevole l'utilizzabilità, per concentrarsi maggiormente solo su quegli aspetti che realmente attengono alla pratica della polizia giudiziaria. La natura stessa di questo breve "manuale di diritto di polizia giudiziaria" suggerisce quanto voluto e ricercato dall'autore.
La rapida, ma non per questo superficiale, analisi delle tematiche d'interesse per la P.G. ha fatto sì che ne uscisse un vero manuale per un diretto impiego "su strada". Le tematiche di polizia giudiziaria vengono presentate e analizzate in maniera diretta e mediante schemi pratici di lavoro per meglio consentirne la loro applicabilità alla casistica operativa.
Nel presente testo, infatti, sono trattati importanti argomenti che vanno dall'approfondimento del concetto di norma giuridica (soprattutto in materia penale), dalla figura del reato, fino all'analisi della figura della pena criminale.
Una parte sicuramente non di scarso rilievo, poi, è quella relativa alle funzioni di polizia e agli atti di specifica competenza della polizia

giudiziaria, riservati agli ufficiali e a quelli riservati agli agenti. Completano, infine, il testo argomenti di sicuro interesse per gli operatori di polizia giudiziaria quali l'arresto e il fermo, l'identificazione delle persone e i reati dei pubblici ufficiali e dei privati contro la pubblica amministrazione.

Fiducioso di aver creato un piccolo prontuario di polizia giudiziaria di facile consultazione e di veloce utilizzo, sono altresì consapevole che si tratta di un opera che dovrà essere oggetto di costanti aggiornamenti e migliorie.

Con queste umili ed essenziali premesse porgo ai colleghi ufficiali e agenti di polizia giudiziaria i migliori auguri di buona lettura!

Dott. Gianandrea Serafin

# I
# Norma giuridica e diritto positivo

Si definisce **Diritto penale** quel complesso di norme che prevedono e disciplinano fatti di natura illecita, qualificati come reati, e le relative sanzioni (o pene). Il Diritto Penale, quindi, ha il fine di prevenire e reprimere i comportamenti antigiuridici/reati. Tale complesso di norme è contenuto all'interno del Codice penale (c.p.). In dottrina si usa parlare di **Diritto positivo** poiché diritto posto, ovvero stabilito dall'uomo. Si oppone al **Diritto naturale**, ovvero al diritto delle cose di natura (ad es. diritto divino).

Il **Diritto processuale penale**, invece, è costituito dall'insieme di norme che disciplinano l'esercizio dell'azione penale, stabilendo le regole procedurali per la ricerca delle fonti di prova, l'individuazione dell'autore di reato e l'applicazione delle pene, ovvero il c.d. **procedimento penale**. Tale complesso di norme è contenuto nel Codice di procedura penale (da qui in avanti c.p.p.).

Infine si rappresenta che l'ordinamento giuridico è costituito da un complesso di **regole** che disciplinano situazioni ed attività e che sono dirette alla generalità dei consociati, questa regole sono definite **norme giuridiche**.

Le norme giuridiche si definiscono tali poiché caratterizzate da:
- **Autoritarietà**: ovvero sono imposte da una autorità;
- **Generalità**: perché sono rivolte a tutti i cittadini;
- **Astrattezza**: perché disciplinano situazioni non concrete, prevedendo fattispecie giuridiche astratte e ipotetiche.

Sono elementi caratterizzanti della norma giuridica il **precetto** che costituisce il comando contenuto nelle norma e la **sanzione** la quale costituisce la minaccia di una punizione nel caso in cui sia violato il precetto.
Inoltre il comando contenuto nel precetto può avere un contenuto **positivo** perché impone un **obbligo** (comportamento attivo) e un contenuto **negativo** perché impone un **divieto/proibizione** (comportamento omissivo).

Una norma giuridica è detta "**norma in bianco**" quando ha il precetto formulato in maniera generica e che prevede la sua integrazione da parte di altre norme giuridiche contenute ad esempio in un regolamento o in un provvedimento amministrativo (si veda ad esempio l'art. 650 c.p.).

> **Inosservanza dei provvedimenti dell'autorità (art. 650 c.p.)**
>
> *Chiunque non osserva un provvedimento legalmente dato dall'Autorità per ragione di giustizia o di sicurezza pubblica, o d'ordine pubblico o d'igiene, è punito, se il fatto non costituisce un più grave reato [337, 338, 389, 509], con l'arresto fino a tre mesi o con l'ammenda fino a duecentosei euro.*

In relazione alla sanzione la norma giuridica si può distinguere in **sanzione perfetta** quando è prevista una sanzione ovvero in **sanzione imperfetta**, quando non è prevista una sanzione, ma vi è solo il precetto e l'eventuale sanzione è rinviata ad altra norma.

# II
# I principi del diritto penale

Il diritto penale si compone di alcuni principi base contenuti all'interno del Libro I del codice penale. Essi sono:

**Principio di legalità (art. 25 cost., artt. 1 e 199 c.p.)**
Secondo tale principio nessuno può essere punito se non in forza di una legge che sia entrata in vigore prima del fatto commesso e nessuno può essere sottoposto a una misura di sicurezza se non nei casi espressamente previsti dalla legge.

**Principio di riserva di legge (artt. 1 e 199 c.p.)**
Questo principio concerne la fonte della legge penale e stabilisce che è vietato punire un fatto in assenza di una legge preesistente che lo configuri espressamente come reato. Con il termine "Legge" si deve intendere un atto normativo emanato dal Parlamento (artt. 70-74, 76, 77 Cost.).

**Principio di tassatività e determinatezza (art.1 e 199 c.p.; art. 25 cost.)**
Tale principio concerne il contenuto della norma penale e stabilisce che la norma penale deve essere formulata in modo chiaro e determinato; deve essere tassativamente stabilito cosa è penalmente rilevante e cosa non lo è, al fine di orientare i comportamenti dei consociati.
La *ratio* vuole che con questo principio si possano evitare possibili arbitri da parte del potere giudiziario (tassatività).

Vige pertanto il **Divieto d'analogia** ovvero l'obbligo per il legislatore alla esatta precisazione del fatto costituente reato (determinatezza).

**Principio di irretroattività (art. 25, 2 co. Cost; artt. 2 e 11 c.p.)**
Il Principio di irretroattività concerne l'efficacia della norma penale nel tempo precisando che è vietato applicare una legge penale a fatti commessi prima della sua entrata in vigore.
La *ratio* vuole che con questo principio si possa garantire la libertà personale da possibili arbitri del potere legislativo.
Si parla di **successione di norme penali** quando una nuova norma incriminatrice ne abroga o modifica una precedente.
L'art. 2 del c.p. deroga al principio di irretroattività stabilendo la reatroattività della norma più favorevole (principio del *favor rei*).

*Altri principi del diritto penale:*

**Principio di oggettività giuridica** poiché la norma penale incriminatrice deve tutelare esclusivamente beni o interessi costituzionalmente rilevanti;

**Principio di personalità della responsabilità penale** il quale prevede che nessuno può essere considerato penalmente responsabile per fatti commessi da altri e che non siano a lui psicologicamente riferibili a titolo di dolo o colpa (*nullum crimen sine culpa*);

**Principio di materialità** secondo cui non è punibile la semplice intenzione di commettere il reato; occorre che si via il compimento di una attività manifesta (*nullum crimen sine actione*);

**Principio di necessaria offensività** secondo cui costituisce reato solo il fatto che concretamente lede o pone in pericolo il bene protetto (*nullum crimen sine iniuria*).

# III
# Il reato

> **Art. 1 c.p.**
> *Nessuno può essere punito per un fatto che non sia espressamente preveduto come reato dalla legge, né con pene che non siano da essa stabilite.*
>
> **Art. 25 c. 2 Cost.**
> *Nessuno può essere punito se non in forza di una legge che sia entrata in vigore prima del fatto commesso.*

## *Il reato: definizioni*

Si definisce reato qualsiasi fatto illecito per il quale è prevista una sanzione penale. Per l'esistenza di un reato devono esserci una **condotta**, o comportamento, che sia **umana**, cioè realizzata da un uomo, e che abbia una natura **antigiuridica**, cioè che sia contraria ad una norma/legge dello Stato.
Pertanto, per stabilire se un fatto illecito è un reato o un illecito amministrativo occorre guardare al tipo di sanzione per esso prevista (art. 17 c.p.).
Il codice penale prevede a seconda della tipologia di pena sia i **delitti** che le **contravvenzioni** (art. 39 c.p.), per i quali bisogna comunque fare una opportuna distinzione. Per i delitti il codice penale prevede come sanzione la reclusione, l'ergastolo e la multa, per le contravvenzioni l'arresto e l'ammenda.
Inoltre la disciplina normativa prevede delle differenze in relazione all'**elemento psicologico**, ove le contravvenzioni sono punibili sia se

commesse con dolo che con colpa, mentre esistono delitti solo dolosi (di norma sono tali) ed è la legge che prevede specificamente se il reato è anche colposo o preterintenzionale (art. 42 c.p.), al **tentativo** il quale previsto solo per i delitti (art. 56 c.p.), alla **prescrizione**, più lunga per i delitti (art. 157 c.p.), e alla possibilità dell'**oblazione** prevista solo per le contravvenzioni (artt. 162 e 162 bis c.p.).

## *La struttura del reato*

Gli elementi del reato si differenziano in **elementi essenziali o costitutivi** senza i quali non sussiste il reato, poiché ne costituiscono la sua essenza, ed **elementi accidentali** i quali non influiscono sull'esistenza del reato, ma solo sulla sua gravità e sulla entità della pena (ad esempio le c.d. circostanze del reato).
Fra gli elementi costitutivi del reato vi sono l'**elemento oggettivo** il quale è caratterizzato dal fatto materiale costituito dalla condotta (attiva o omissiva), dall'evento prodotto e dal rapporto di causalità tra la condotta e l'evento. Vi è poi l'**elemento soggettivo** che è caratterizzato dall'elemento psicologico (volontà colpevole) richiesto dalla legge per la commissione di un reato (dolo, colpa, preterintenzione) e l'**Antigiuridicità** che prevede l'esistenza di un contrasto tra il fatto e la norma (**fattispecie astratta**) in relazione a quanto prevista dalla norma (**fattispecie concreta**) il tutto tenendo presente che non vi siano **cause di giustificazione.**

## *L'elemento oggettivo del reato: la condotta*

La condotta è un **comportamento** dell'uomo che consiste in una azione, od in una omissione, che viene manifestata esteriormente, visto che in ambito penale gli atti c.d. interni (pensieri, desideri, stati d'animo, ecc.) non sono rilevanti.

In relazione a come si manifesta la condotta si possono distinguere i **reati commissivi,** quando vi è una condotta positiva, e i **reati omissivi,** quando la condotta è negativa o vi è una omissione.
La condotta deve essere associata alla coscienza ed alla volontà del soggetto agente (art. 42/1 c.p.).

## *(segue) L'elemento oggettivo del reato: l'evento*

L'evento è il risultato o la conseguenza della condotta che produce una offesa o un danno del bene giuridico protetto dalla norma.
Si rileva però che non tutti i reati comportano il verificarsi di un evento materiale (c.d. **reati di evento**), mentre deve sempre esservi un evento giuridico.
In alcuni reati il comportamento vietato è privo dell'evento materiale (c.d. **reati di pura condotta**).
Fra i reati in relazione all'evento vi sono i **reati istantanei** (la consumazione del reato si ha in un unico momento) e i **reati permanenti** (l'evento perdura nel tempo insieme alla condotta dell'autore).

## *(segue) L'elemento oggettivo del reato: il nesso di causalità*

Si precisa inoltre che perché l'evento si possa considerare come effetto del comportamento (condotta) deve esserci una relazione definita come **nesso di causalità** (art. 40 c.p.).
Infatti la **causa** dell'evento è data dall'insieme degli antecedenti (condizioni) senza i quali l'evento non si sarebbe potuto realizzare.
Quindi è una *"condicio sine qua non"* necessaria e sufficiente per il verificarsi dell'evento stesso.

## L'elemento soggettivo del reato: la colpevolezza

Perché si concretizzi un reato è necessaria, inoltre, la presenza dell'elemento soggettivo ovvero una connessione psichica tra il fatto e l'autore del fatto; in altre parole deve esserci una attribuibilità psicologica del fatto alla volontà del soggetto agente.
Questa attribuzione psicologica o volontà del soggetto che agisce deve essere contraria ad un dovere, e quindi oggetto di rimprovero da parte dello Stato.
La **colpevolezza** costituisce l'elemento soggettivo o psicologico del reato (art. 43 c.p.) che si manifesta mediante le figure del **dolo**, della **colpa** e della **preterintenzione**.
Si precisare che il concetto di "colpevolezza" non è molto preciso, perché esso ha un significato processuale diverso che indica la condizione di chi viene riconosciuto colpevole di aver commesso un fatto che costituisce reato, pertanto sarebbe più giusto utilizzare l'espressione **"volontà colpevole"**.

## (segue) L'elemento soggettivo del reato: il dolo

È una forma grave di colpevolezza e si ha quando il soggetto agente ha **previsto** e **voluto l'evento** come conseguenza del suo comportamento. Vi sono due componenti psicologiche nel dolo: la **rappresentazione** (previsione anticipata del fatto) e la **risoluzione** (decisione di volere realizzare il fatto).

## (segue) L'elemento soggettivo del reato: la colpa

È una forma più lieve di colpevolezza e si ha quando il soggetto agente, anche se lo ha previsto (se lo prevede la colpa è cosciente, se non lo prevede la colpa è incosciente) non ha voluto porre in essere l'evento come conseguenza del suo agire ma l'evento si verifica lo stesso a causa di **negligenza, imprudenza, imperizia (colpa generica)** o per inosservanza di leggi, regolamenti od ordini (**colpa specifica**). Vi è infatti **negligenza** nei casi di trascuratezza, mancanza di attenzione e/o di cautela, **imprudenza** nelle ipotesi di avventatezza e/o di elevata rischiosità, ed **imperizia** nelle situazioni di inettitudine od incapacità professionale.

In senso generale quindi si può dire che si ha colpa sempre a causa del mancato rispetto di regole di condotta.

### *(segue) L'elemento soggettivo del reato: la preterintenzione*

Si tratta di una forma intermedia di colpevolezza fra il dolo e la colpa che si verifica quando il soggetto agente ha previsto e voluto, come conseguenza della sua condotta, un evento diverso e di **minore gravità** di quello che poi si realizza nella realtà.

Vi può essere, quindi, un dolo misto a colpa: dolo per l'evento minore voluto e colpa per l'evento più grave non voluto.

Dobbiamo specificare che i delitti sono di regola dolosi, e quando si vuole punire la colpa o la preterintenzione deve essere specificamente previsto dalla legge (art. 42/1 c.p.), invece le contravvenzioni vengono punite indifferentemente sia a titolo di dolo sia a titolo di colpa. Inoltre nel caso si tratti di colpa, deve essere provata in concreto ed accertata dal giudice (art. 41/2 c.p.).

### *I soggetti del reato*

Il soggetto attivo del reato (**autore o agente**) è colui che pone in essere l'azione illecita. Può essere solo una persona fisica, **non** una persona giuridica, perché non esiste la responsabilità penale degli enti in forza dell'art. 27 della Costituzione italiana il quale stabilisce che la responsabilità penale è personale.

Ciò non significa che nel caso degli enti non vi siano soggetti penalmente responsabili, ma questi devono essere ricercati in coloro i quali ricoprono un ruolo di rappresentanza o di amministrazione giuridica (Cfr. D.lgs 231/2001 sulla **Responsabilità amministrativa delle società e degli enti**).

In relazione al soggetto attivo del reato possiamo distinguere tra **reati comuni** cioè commessi da qualsiasi soggetto senza alcun riferimento a sue particolari qualifiche ("Chiunque") e **reati propri** se commessi solo da chi riveste particolari qualifiche o posizioni giuridiche (ad es. i pubblici ufficiali).

Il soggetto passivo del reato (la persona offesa dal reato o **vittima**), invece, è quella persona titolare di un bene o interesse giuridico protetto dalla norma penale.

Si deve comunque fare una distinzione fra il soggetto passivo del reato e il soggetto passivo della condotta ovvero colui sul quale la condotta va ad incidere immediatamente e che diventa quindi oggetto materiale del reato.

## *Oggetto del reato*

Lo scopo della norma penale è quello di punire i comportamenti che sono contrari all'ordinamento giuridico e sociale perché possono danneggiare quei precisi **interessi e beni giuridici** tutelati dalla legge.

Il bene giuridico o interesse giuridico tutelato dal diritto penale viene definito **oggetto giuridico del reato** (ad es. integrità della vita, patrimonio, etc).

In base al tipo di oggetto giuridico i reati si possono distinguere in **Reati monoffesivi** quando è sufficiente l'offesa di un solo bene giuridico (ad es. omicidio, ingiuria), in **Reati plurioffensivi** quando è necessaria una offesa a più beni giuridici (ad es. rapina che offende il patrimonio e la libertà personale), e in **Reati di mero scopo** quando non vi è l'offesa di un bene giuridico, ma viene punita una precisa situazione valutata negativamente dallo Stato (ad es. detenzione o porto abusivo di arma).

## *Il danno*

Il danno nel Diritto Penale è dato da un evento giuridico che consiste nell'**offesa** ad un bene giuridico tutelato dalla norma. Questo può assumere la forma della **lesione** quando il bene giuridico viene realmente leso come nel caso dell'omicidio che viene consumato, e della **messa in pericolo** quando, invece, l'integrità del bene tutelato è solo minacciata o messa in pericolo come per il caso del tentato omicidio.

## *Il pericolo*

Il **pericolo** è dato da quella condizione in cui vi è una probabilità che un evento temuto possa accadere. Si tratta quindi di un giudizio che si basa sull'esperienza basata su casi simili. In relazione all'offesa si possono distinguere i **reati di danno** e i **reati di pericolo**.
I reati di pericolo a loro volta si possono differenziare in **reati di pericolo concreto** – caratterizzati dal fatto che il giudice dovrà accertare in concreto la avvenuta messa in pericolo del bene giuridico come nel reato di strage previsto dall'art. 422 c.p. – e in **reati di pericolo presunto** ove vi è una presunzione di pericolosità senza la necessità di dimostrare e di accertare da parte del giudice come nel reato di associazione per delinquere art. 416 c.p..

# IV
## Le forme di manifestazione del reato

Il reato può manifestarsi sotto varie forme quindi vi possono essere il **reato consumato**; il **reato tentato**; il **reato circostanziato**; il **concorso di reati** (materiale, formale, continuato); il **reato continuato**; il **concorso di persone**.

Il reato è consumato quando il suo *iter criminis* si sviluppa nelle diverse fasi dinamiche della **ideazione** ovvero nella decisione di commettere il reato e nella sua elaborazione a livello psichico, nella fase della **preparazione** che riguarda tutto ciò che è necessario per la realizzazione del reato, nella **esecuzione** ovvero la realizzazione materiale della condotta tipica richiesta per l'esistenza del reato ed infine con la **perfezione o consumazione** quando siamo in presenza di tutti gli elementi necessari per la sussistenza del reato e la sua conformità con l'ipotesi astratta prevista dalla norma. In questa fase vi è anche l'offesa del bene giuridico protetto dalla legge.

Il reato è tentato quando sono compiuti atti idonei e diretti in modo non equivoco a commettere un delitto, ma l'azione non si compie o l'evento non si verifica (art. 56 c.p.).

In questo caso il soggetto che agisce vuole commettere il delitto, ma il proposito criminoso non si realizza per cause indipendenti dalla sua volontà, comunque gli atti compiuti manifestano il suo intento criminoso.

Dal punto di vista strutturale il delitto tentato presenta un elemento **negativo**: il mancato completamento della condotta (tentativo incompleto); il mancato verificarsi dell'evento (tentativo completo). Oltre ad un elemento **positivo**: la idoneità degli atti che si mostrano adeguati per la realizzazione del delitto; la univocità degli atti che non lasciano dubbi e fanno prevedere come verosimile la realizzazione del delitto.

Nel **reato circostanziato** le circostanze costituiscono gli elementi accidentali o accessori del reato, che non sono necessari per la sua esistenza, ma che comunque rilevano ai fini della determinazione della pena in base alla reale gravità e al disvalore sociale del reato, visto che incidono sulla sua gravità del fatto e possono indicare la capacità di delinquere del soggetto.

Altra cosa è la classificazioni delle circostanze e fra le più comuni troviamo quella che prevede la distinzione tra **circostanze aggravanti** (art. 61 c.p.) e **circostanze attenuanti** (artt. 62 e 62 bis c.p.).

Ogni qual volta un soggetto viola con più condotte la norma penale si realizza un **concorso di reati**. Il concorso di reati può essere **materiale** quando vi sono più reati con più azioni od omissioni e **formale** quando si realizzano più reati con una sola azione od omissione. L'unicità dell'azione criminosa non coincide necessariamente con l'esecuzione di un unico atto, ma può manifestarsi anche con più azioni dotate di una particolare struttura, quindi si può considerare come unica l'azione che si svolge in un lasso di tempo breve e continuativo.

Il concorso di reati si può distinguere in **omogeneo** se è violata più volte la medesima disposizione di legge ed **eterogeneo** se sono violate più disposizioni di legge.

Vi sono anche differenze per quanto riguarda il trattamento sanzionatorio. Per il concorso materiale vige il sistema del **cumulo materiale** per il quale si applicano tante pene quanti sono i reati commessi (artt. 71-79 c.p.), mentre per il concorso formale vige il sistema del **cumulo giuridico** per il quale si applica la pena prevista per la violazione più grave aumentata sino al triplo (art. 81/1 c.p.).

Il reato continuato si configura come una particolare categoria del concorso materiale di reati nel quale vi è un **medesimo disegno criminoso** che raccoglie la realizzazione dei diversi reati. Consiste nel

commettere, anche in tempi diversi, con più azioni o omissioni, più violazioni della stessa (c.d. reato continuato omogeneo) o di diverse disposizioni di legge (c.d. reato continuato eterogeneo). Il trattamento sanzionatorio è dato dal cumulo giuridico.
Si realizza, altresì, il concorso di persone quando il reato è commesso da più soggetti (art. 110 c.p.).
Se il reato può essere commesso da una o più persone e quindi è solo possibile il concorso sarà eventuale (c.d. **concorso eventuale)**, mentre se si tratta di reato che obbligatoriamente devono vedere la partecipazione di più persone il concorso sarà necessario (c.d. **concorso necessario**).
Tutte le persone soggiacciono alla stessa pena anche se ognuno ha avuto un ruolo e un comportamento materiale diverso: ad esempio in una rapina il c.d. "palo" sarà condannato alla stessa pena dei rapinatori materiali.

# V
# Le cause di giustificazione

Il codice penale prevede una serie di situazioni in presenza delle quali il fatto realizzato da un soggetto non viene considerato reato, queste situazioni possono riguardare cause **esterne** al soggetto (**cause oggettive**) o cause **interne** al soggetto (**cause soggettive**).
Le cause oggettive di esclusione del reato sono anche chiamate **cause di giustificazione** o **scriminanti** e in forza di una di esse un fatto che sarebbe da considerare reato, invece non è tale perché la legge lo impone o lo consente, così da farne venir meno l'antigiuridicità, ovvero uno degli elementi essenziali del reato.

*Le scriminanti: distinzione*

Le **scriminanti comuni** sono previste dal codice penale e applicabili a tutti i reati.
Esse sono:
- consenso dell'avente diritto (art. 50 c.p.);
- esercizio di un diritto (art. 51 c. 1 c.p.);
- adempimento di un dovere (art. 51 c. 2 c.p.);
- legittima difesa (art. 52 c.p.);
- uso legittimo delle armi (art. 53 c.p.);
- stato di necessità (art. 54 c.p.).

Le **scriminanti speciali**, invece, sono previste da norme speciali e applicabili a singole figure criminose. Le cause soggettive di esclusione del reato, anche dette **scusanti**, prevedono che un fatto ritenuto

reato, invece non lo è perché viene meno il nesso psichico con la condotta o l'elemento soggettivo del reato (la colpevolezza).
Per poter parlare di cause di esclusione della coscienza e volontà si devono avere una delle seguenti circostanze:
- **Incoscienza volontaria** dettata da cause patologiche o altre causa (delirio, sonnambulismo, paralisi, etc.);
- **Forza maggiore** quando vi è una forza esterna contro la quale il soggetto non ha potere e lo porta a compiere un'azione o omissione (art. 45 c.p.);
- **Costringimento fisico** se il fatto è commesso mediante costrizione o violenza fisica altrui (art. 46 c.p.);
- **Errore sul fatto** quando l'errore è essenziale e scusabile (art. 47 c.p.).

# VI
# L'imputabilità penale

> **Capacità d'intendere e di volere (art. 85 c.p.)**
> *Nessuno può essere punito per un fatto preveduto dalla legge come reato, se, al momento in cui lo ha commesso non era imputabile.*
> *È imputabile chi ha la capacità d'intendere e di volere.*

La **capacità d'intendere e di volere** indica la condizione della persona che deve sussistere nel momento in cui commette il reato e in forza del quale un soggetto può essere considerato responsabile del reato e quindi punito (art. 85 c.p.).
Condizioni di tale status sono la **capacità di intendere**, cioè la facoltà di capire gli accadimenti che avvengono nel mondo esterno e di comprendere il valore degli atti che si compiono, e la **capacità di volere**, cioè la facoltà di sapere determinarsi, controllando i propri impulsi e sapere scegliere le proprie azioni. Quindi si può dire che la imputabilità richiede la esistenza di una **maturità psichica** e una **sanità mentale** del soggetto.

## *Cause di esclusione dell'imputabilità*

La imputabilità può essere o esclusa o diminuita da alcune cause (artt. 88 e s.s. c.p.). Si tratta di cause **fisiologiche** quali la minore età (artt. 97 e 98 c.p.). Infatti il nostro codice prevede la esclusione della imputabilità per il minore di anni 14 per il quale vi è una presunzione assoluta, ma questo non significa che il fatto illecito sia indifferente,

difatti questo può essere motivo di applicazione di misure di sicurezza. La imputabilità dell'infradiciottene (età compresa tra 14 e 18 anni) deve essere invece accertata dal giudice volta per volta. Il soggetto maggiorenne si presume sempre imputabile, salvo prova contraria. Vi sono poi le cause **patologiche** ovvero l'infermità di mente totale o parziale (artt. 88 e 89 c.p.) e il sordomutismo (art. 96 c.p.), e le cause **tossiche** come ad esempio l'abuso di sostanze alcoliche o stupefacenti (artt. 91, 93 e 95 c.p.).
In tema di imputabilità e pericolosità sociale si vedano anche:
- Misure di sicurezza, previste dall'artt. 199 s.s. c.p.;
- Pericolosità sociale, art. 203 c.p.;
- Ubriachezza derivata da caso fortuito o forza maggiore, art. 91 c.p.;
- Ubriachezza preordinata punita come aggravante, art. 92 c.p.;
- Ubriachezza abituale, art. 94 c.p.;
- Intossicazione cronica da alcol e sostanze stupefacenti, art. 94 c.p..

# VII
## Il procedimento penale e la pena

Il procedimento penale è un complesso di atti ed attività sequenziali che sono finalizzate all'adozione di un provvedimento finale.
Le attività che lo comprendono vanno dalle indagini preliminari alla fase in cui la notizia di reato viene esaminata dalla Autorità Giudiziaria finché si arrivai alla pronuncia da parte di un Giudice sulla esistenza del reato (processo penale) e sulla colpevolezza del soggetto che ne viene indicato come autore (sentenza/dispositivo).
Il procedimento penale italiano con la riforma attuata nel 1989 si caratterizza per essere ispirato al principio accusatorio.
Il codice di procedura penale prevede una serie di procedimenti speciali, alternativi al giudizio ordinario che hanno il fine di rendere i processi più rapidi e con minori costi:
- **Giudizio abbreviato:** la causa è definita nell'udienza preliminare, manca la fase del dibattimento, è necessaria la richiesta dell'imputato e il consenso del P.M., la pena è diminuita di un terzo (artt. 438-443 c.p.p.);
- **Applicazione della pena su richiesta:** è il c.d. patteggiamento con il quale si richiede la applicazione di una sanzione sostitutiva o di una pena pecuniaria (artt. 444-448 c.p.p.);
- **Giudizio direttissimo:** per i casi in cui vi è arresto in flagranza di reato e il P.M. presenta l'imputato direttamente davanti al giudice del dibattimento e i casi di confessione davanti al P.M. nel caso di interrogatorio (artt. 119-492 c.p.p.);
- **Giudizio immediato:** quando le prove acquisite durante le indagini preliminari sono evidenti e il P.M. interroga la

persona sottoposta ad indagini. Viene a mancare l'udienza preliminare (artt. 453-458 c.p.p.);
- **Procedimento per decreto:** solo per quei reati in cui è consentita l'applicazione di una pena pecuniaria in sostituzione di pena detentiva (artt. 459-464 c.p.p.).

*Le indagini preliminari*

Le **indagini preliminari** sono la fase con cui ha inizio il procedimento penale (c.d. fase pre-procesuale) a cui seguirà l'acquisizione della **notizia di reato**, ovvero di qualsiasi tipo di informazione riguardante fatti che possano dar luogo a un reato, che costituisce la fase procedimentale.
Le indagini preliminari sono **dirette** dal Pubblico Ministero (art. 327 c.p.p.) che può disporre direttamente della Polizia Giudiziaria (art. 109 Cost. e art. 56 c.p.p.), sono **svolte** dal Pubblico Ministero e dalla Polizia Giudiziaria (art. 326 c.p.p.), e **finalizzate** alle determinazioni (decisioni del Pubblico Ministero, richiesta di archiviazione o di rinvio a giudizio) inerenti l'esercizio dell'azione penale (art. 326 c.p.p.) **attraverso** le quali si ricercano, individuano e si assicurano le fonti di prova.
Sul punto si precisa che quello di indagato e imputato sono due status giuridici del soggetto (passivo del procedimento penale) che quindi assume tale diversa denominazione a seconda che vi sia o meno l'incriminazione da parte del P.M. (artt. 50, 60 e 405 c.p.p.).
Nello specifico, la qualifica di **imputato** si riferisce al soggetto solo dopo che sia stata esercitata l'azione penale.
Durante le indagini preliminari si parla solo di **persona sottoposta alle indagini**, principio Costituzionale rinvenibile nell'art. 27 della Costituzione.

*Le funzioni della pena*

Le pene criminali si possono distinguere in **principali** quando inflitte dal giudice con la sentenza di condanna (artt. 17 e 20 c.p.), ed **accessorie** se conseguono automaticamente alla sentenza di condanna (artt. 19 e 20 c.p.).
Le pene principali, inoltre, si distinguono a loro volta a seconda della natura della pena in (art 18 c.p.) **detentive**, ovvero quale limitazione della libertà personale e **pecuniarie** consistendo nel mero pagamento di una somma di denaro.
La pena dell'arresto si estende da cinque giorni a tre anni, ed è scontata in uno degli istituti a ciò destinati o in sezioni speciali, con l'obbligo del lavoro e con l'isolamento notturno.
La pena della reclusione si estende da quindici giorni a ventiquattro anni.
La pena dell'ammenda consiste nel pagamento allo Stato di una somma non inferiore a venti euro né superiore a diecimila euro.
La pena della multa consiste nel pagamento allo Stato di una somma non inferiore a cinquanta euro, né superiore a cinquantamila euro.
La funzione della pena criminale è quella di: **remunerare** ovvero di retribuire il soggetto responsabile dell'azione compiuta (c.d. Teoria della retribuzione), di **intimidire** ovvero di dissuadere i consociati dal violare le norme (c.d. Teoria della prevenzione generale), e di **impedire**, attraverso la espiazione e la rieducazione, che il reo commetta nuovamente il reato (c.d. Teoria della prevenzione speciale).

La pena criminale, inoltre, si fonda su alcuni principi fondamentali:
- **Personalità:** la pena si applica solo all'autore del reato (art. 27 Cost.);
- **Legalità:** si applicano solo pene previste espressamente dalla legge (*Nullum crimen, nulla poena sine lege*);

- **Inderogabilità**: le pene minacciate devono trovare applicazione;
- **Proporzionalità**: la pena deve essere commisurata al reato.

# VIII
## La polizia giudiziaria

### Le funzioni di polizia

Il termine **polizia** deriva dalla parola greca *"polis"*, in particolar modo nella sua derivazione di *"politeia"*, ed ha il significato di assetto politico e amministrativo delle città. Con il termine polizia, quindi, si vuole indicare tutte quelle attività che uno Stato, e tutti gli enti pubblici di cui è composto, compie per assicurare ai propri cittadini condizioni di vivere sociale ordinate e tranquille: quindi sicure.

Il concetto polizia può avere due significati distinti, sia in termini **oggettivi** sia in termini **soggettivi**. Da un punto di vista oggettivo il concetto di polizia è dato da una **funzione**, ovvero dall'attività diretta ad assicurare la conservazione ed il rispetto dell'ordine giuridico e sociale tramite l'adozione di misure di prevenzione e/o di repressione di tutte quelle attività che ad essi possono arrecare un danno o essere un problema.

Dal punto di vista soggettivo, invece, il concetto di polizia è dato dall'insieme degli **organi** deputati a svolgere quanto detto sopra.

Le complesse attività di polizia, quindi, si possono dividere in due categorie: **polizia amministrativa e polizia giudiziaria**

Con il concetto di **Polizia amministrativa** ci si riferisce a quell'attività della Pubblica Amministrazione attuata attraverso misure di prevenzione e/o repressione in modo tale che dall'attività dei singoli cittadini non derivino danni sociali e siano osservati gli obblighi e le limitazioni imposti dalla legge.

La polizia amministrativa si può ulteriormente distinguere in **Polizia amministrativa in senso stretto** e **Polizia di sicurezza**.

La polizia amministrativa in senso stretto si suddivide in settori a seconda degli interessi pubblici tutelati e delle materie trattate come ad esempio, la polizia stradale, edilizia, annonaria e commerciale, tributaria, ambientale e forestale, sanitaria.

La polizia di sicurezza, invece, si occupa di tutelare interessi pubblici quali l'**ordine pubblico**, la **sicurezza pubblica**, l'incolumità dei cittadini, la proprietà (art. 1 T.u.l.p.s.).

Le funzioni di Polizia giudiziaria, invero, sono date da quell'attività di natura repressiva volta al perseguimento dei reati mediante la ricerca, l'individuazione e l'assicurazione alla giustizia degli autori dei reati e delle prove.

## Differenze

La differenza tra polizia amministrativa e polizia giudiziaria sta nel fatto che la prima ha funzione eminentemente **preventiva**, che si estrinseca nell'attività di vigilanza diretta ad impedire il verificarsi dei fatti illeciti, mentre la seconda esercita una funzione generalmente **repressiva**, in quanto agisce solo dopo la commissione del reato con il fine di individuarne l'autore.

Si tratta comunque di una distinzione puramente teorica perché le due funzioni sono presenti in tutte e due le attività di polizia, quindi il criterio distintivo è di massima, mentre una più puntuale distinzione può essere il riferimento alle autorità a cui è affidato il controllo sullo svolgersi delle attività suddette, le quali sono l'Autorità Giudiziaria per la polizia giudiziaria ed il potere esecutivo per la polizia amministrativa.

**Art. 109 Cost.**
*L'autorità giudiziaria dispone direttamente della polizia giudiziaria [art. 55 ss. c.p.p.].*

### Obbligo di riferire la notizia del reato (art. 347 c.p.p.)

*1. Acquisita la notizia di reato [330], la polizia giudiziaria, senza ritardo, riferisce al pubblico ministero, per iscritto, gli elementi essenziali del fatto e gli altri elementi sino ad allora raccolti, indicando le fonti di prova e le attività compiute, delle quali trasmette la relativa documentazione [357].*
*2. Comunica, inoltre, quando è possibile, le generalità, il domicilio e quanto altro valga alla identificazione della persona nei cui confronti vengono svolte le indagini [349], della persona offesa [90] e di coloro che siano in grado di riferire su circostanze rilevanti per la ricostruzione dei fatti [351].*
*2 bis. Qualora siano stati compiuti atti per i quali è prevista l'assistenza del difensore della persona nei cui confronti vengono svolte le indagini, la comunicazione della notizia di reato è trasmessa al più tardi entro quarantotto ore dal compimento dell'atto, salvo le disposizioni di legge che prevedono termini particolari.*
*3. Se si tratta di taluno dei delitti indicati nell'articolo 407 comma 2 lett. a) numeri da 1) a 6) e, in ogni caso, quando sussistono ragioni di urgenza, la comunicazione della notizia di reato è data immediatamente anche in forma orale. Alla comunicazione orale deve seguire senza ritardo quella scritta con le indicazioni e la documentazione previste dai commi 1 e 2.*
*4. Con la comunicazione, la polizia giudiziaria indica il giorno e l'ora in cui ha acquisito la notizia.*

## *Funzioni e ruolo della polizia giudiziaria*

La polizia giudiziaria a mente dell'**art. 55 c.p.p.** deve, anche di propria iniziativa, prendere notizia dei reati, impedire che vengano portati a conseguenze ulteriori, ricercarne gli autori, compiere gli atti necessari per assicurare le fonti di prova e raccogliere quant'altro possa servire per l'applicazione della legge penale.
Svolge altresì ogni indagine e attività disposta o delegata dall'autorità giudiziaria. Inoltre le funzioni indicate nei commi 1 e 2 dell'**art. 55**

c.p.p. sono svolte dagli **ufficiali** e dagli **agenti di polizia giudiziaria**.
Si tratta dell'**attività di informazione** che consiste nell'acquisizione e nella comunicazione della *notizia criminis* o notizia di reato (art. 347 c.p.p.). Precisando poi che gli ufficiali e gli agenti di polizia giudiziaria che senza giustificato motivo omettono di riferire nel termine previsto all'autorità giudiziaria la notizia del reato, che omettono o ritardano l'esecuzione di un ordine dell'autorità giudiziaria o lo eseguono soltanto in parte o negligentemente o comunque violano ogni altra disposizione di legge relativa all'esercizio delle funzioni di polizia giudiziaria, sono soggetti alla sanzione disciplinare della censura e, nei casi più gravi, alla sospensione dall'impiego per un tempo non eccedente sei mesi ex art. 16 disp. att. del presente codice.
Vi è poi l'**attività di investigazione** ovvero la ricerca delle fonti di prova e dell'autore del reato (art. 348 c.p.p.). L'**attività di assicurazione** che consiste nell'evitare la dispersione degli elementi e dei risultati acquisiti nell'attività investigativa (artt. 348-353-354 c.p.p.). Si tratta di **attività preventiva** quella volta impedire che il reato produca conseguenze ulteriori (art. 55 c.p.p.) e di **attività esecutiva** la mera esecuzione dei provvedimenti dell'A.G. LA P.G. ha la facoltà di procedere **di iniziativa** ovvero senza stimoli o impulsi da parte della A.G. ed in forza degli obblighi derivanti dalla funzione istituzionale prevista per legge (art. 55/1 c.p.p.) e può continuare anche dopo la comunicazione della notizia di reato al P.M. e il suo eventuale intervento di direzione delle indagini (artt. 327 e 348/3 c.p.p.), come **attività disposta** cioè svolta sulla base dell'intervento del P.M. che assume la **direzione** delle indagini e ne fissa le direttive di carattere generale o particolare (artt. 55/2, 327, 348/3, 370 c.p.p.) o come **attività delegata** quando svolta dietro specifica **delega** del P.M. competente a svolgere la specifica attività (artt. 55/2 e 370 c.p.p.).
A mente dell'art. 57 c.p.p. e salve le disposizioni delle leggi speciali, sono **ufficiali di polizia giudiziaria** i dirigenti, i commissari, gli ispettori, i sovrintendenti e gli altri appartenenti alla polizia di Stato ai

quali l'ordinamento dell'amministrazione della pubblica sicurezza riconosce tale qualità, gli ufficiali superiori e inferiori e i sottufficiali dei carabinieri, della guardia di finanza, degli agenti di custodia e del corpo forestale dello Stato nonché gli altri appartenenti alle predette forze di polizia ai quali l'ordinamento delle rispettive amministrazioni riconosce tale qualità, il sindaco dei comuni ove non abbia sede un ufficio della polizia di Stato ovvero un comando dell'arma dei carabinieri o della guardia di finanza.

Sono altresì **agenti di polizia giudiziaria** il personale della polizia di Stato al quale l'ordinamento dell'amministrazione della pubblica sicurezza riconosce tale qualità, i carabinieri, le guardie di finanza, gli agenti di custodia, le guardie forestali e, nell'ambito territoriale dell'ente di appartenenza, le guardie delle province e dei comuni quando sono in servizio [ora polizia locale e provinciale]. Infatti a mente dell'art. 5 della Legge 65/1986 il personale che svolge servizio di polizia municipale/locale, nell'ambito territoriale dell'ente di appartenenza e nei limiti delle proprie attribuzioni, esercita anche funzioni di polizia giudiziaria, rivestendo a tal fine la qualità di agente di polizia giudiziaria, riferita agli operatori, o di ufficiale di polizia giudiziaria, riferita ai responsabili del servizio o del Corpo e agli addetti al coordinamento e al controllo, ai sensi dell'articolo 221, terzo comma, del codice di procedura penale (art. 5 c. 1 lett. a). Nell'esercizio delle funzioni di agente e di ufficiale di polizia giudiziaria e di agente di pubblica sicurezza, il personale di cui sopra, messo a disposizione dal sindaco, dipende operativamente dalla competente autorità giudiziaria (artt. 56 e 327 c.p.p) o di pubblica sicurezza nel rispetto di eventuali intese fra le dette autorità e il sindaco. (art. 5 c. 4).

Inoltre sono ufficiali e agenti di polizia giudiziaria, nei limiti del servizio cui sono destinate e secondo le relative attribuzioni, le persone alle quali le leggi e i regolamenti attribuiscono le funzioni previste dall'articolo 55.

Si rileva che in taluni casi il pubblico ministero può non delegare lo svolgimento di alcuni atti né agli agenti né agli ufficiali di p.g. e deve compierli direttamente (si veda l'art. 370 c.p.p.). Tuttavia gli ufficiali di p.g., essendo obbligati ad assisterlo nell'espletamento della sua attività, sono investiti del compito assumere la documentazione relativamente agli atti da esso compiuti come provvedere alla redazione del verbale o delle sommarie annotazioni (art. 373 c.p.p.), perché il semplice agente non possiede la capacità certificante.

Vi sono atti che i pubblici ufficiali possono compiere autonomamente, ed altri che solo loro sono legittimati ad adempiere solo su indicazione del pubblico ministero o del giudice.

Tra i primi vi sono: sequestro preventivo di cose pertinenti al reato (art. 321 c.p.p.); perquisizioni personali e locali (art. 352 c.p.p.); assunzioni di sommarie informazioni dell'indagato libero, arrestato o fermato, se sul luogo o nell'immediatezza del fatto (art. 350 c.p.p.); assunzione di informazioni da persona imputata in procedimento connesso o collegato (art. 351 c.p.p.); acquisizione di plichi sigillati o di corrispondenza e loro eventuale apertura, se autorizzata dal P.M. (art. 353 c.p.p.); accertamenti e rilievi sulle persone, non implicanti ispezione personale (art. 354 c.p.p.); accertamenti e rilievi necessari sullo stato dei luoghi e delle cose, se vi è pericolo nel ritardo e se il P.M. non può intervenire tempestivamente (art. 354 c.p.p.); sequestro del corpo del reato e delle cose a questo pertinenti, se del caso (art. 354 c.p.p.).

Tra i secondi invece vi sono: sequestro di corrispondenza presso uffici postali e telegrafici (art. 254 c.p.p.); sequestro del corpo del reato e delle cose ad esso pertinenti, anche a seguito di perquisizione (artt. 252-253 c.p.p.); sequestro di documenti, titoli, valori e somme presso banche (art. 255 c.p.p.); ispezioni di luoghi, cose o persone (artt. 245-246 c.p.p.); perquisizioni personali, locali e domiciliari (artt. 249-251 c.p.p.); intercettazioni di conversazioni o comunicazioni (art. 267 c.p.p.).

Infine si precisa che gli ufficiali di polizia giudiziaria supervisionano le attività compiute dagli agenti come, ad esempio, controllano se un arresto o un fermo sia stato compiuto legittimamente.
Circa gli atti che possono compiere anche gli agenti in totale autonomia vi sono: identificazione dell'indagato e delle persone in grado di riferire sui fatti (si veda art. 349 c.p.p.); informativa di reato al P.M. (si veda l'art. 347 c.p.p.); accompagnamento in caserma, per finalità di identificazione, delle predette persone (come ad esempio rilievi dattiloscopici o similari della persona sottoposta ad indagini preliminari art. 349 c.p.p.); atti relativi alla assicurazione delle fonti di prova (si veda l'art. 348 c.p.p.); conservazione delle tracce e delle cose pertinenti al reato, nonché dello stato dei luoghi e delle cose in attesa dell'intervento del P.M. o di un ufficiale di p.g. (si veda l'art. 354 c.p.p.); assunzione di dichiarazioni spontanee della persona sottoposta ad indagini, anche se fermato o arrestato e anche in assenza del suo difensore (si veda l'art. 350 c.p.p.); assunzione di sommarie informazioni di persone informate sui fatti (si veda l'art. 351 c.p.p.); arresto in flagranza di reato facoltativo o obbligatorio (si vedano gli artt. 380 e 381 c.p.p.); ed adempimenti conseguenziali (si vedano gli artt. 386-387); fermo della persona gravemente indiziata, in caso di pericolo di fuga, quando il pubblico ministero non ha ancora assunto la direzione delle indagini (si veda l'art. 384 c.p.p.); infine, perquisizioni, accertamenti su luoghi, cose e persone, ex artt. 352 e 354, II e III comma c.p.p., nei casi di particolare necessità e urgenza (si veda art. 113 disp. att.).
Inoltre, possono provvedere a compiere degli atti su delega dell'A.G., come avviene anche per gli ufficiali di p.g.; tali atti sono: esecuzione delle ordinanze sia del giudice delle indagini preliminari sia giudice nominato per il processo in materia di misure cautelari relative alla custodia cautelare o inerenti altre misure coercitive (si vedano gli artt. 272-286 c.p.p.).
Tra le altre figure previste da specifiche norme a cui è attribuita la qualifica di p.g. per materia vi sono ad esempio:

- personale direttivo dei Vigili del Fuoco (art. 16 della l. n. 469 del 13 maggio 1961);
- ufficiali sanitari (art. 40 del R.D. n. 1265 del 27 luglio 1934);
- funzionari doganali (art. 324 del D.P.R. n. 43 del 23 gennaio 1973);
- ispettori e ricevitori dei monopoli (artt. 7 e 19 del R.D. n. 577 del 14 giugno 1941);
- agenti consolari all'estero (artt. 46 e 52 del D.P.R. n. 200 del 5 gennaio 1967, n. 200);
- capitanerie di porto (art. 1235 cod. nav.);
- comandanti di navi ed aeromobili (art. 1235 cod. nav.);
- ispettori delle poste (art. 32 cod. postale);
- addetti delle USL in materia infortunistica (art. 21 della l. n. 83323-12-1978, n. 833);
- medici provinciali (art. 17 della l. n. 441 26 febbraio 1963);
- ingegneri del Corpo delle miniere (art. 5 del D.P.R. n. 128 del 9 aprile 1959).

# IX
## Gli atti della polizia giudiziaria

L'attività di informazione della Polizia Giudiziaria si espleta con l'**acquisizione** e la successiva **comunicazione** della notizia di reato all'Autorità giudiziaria.
Le modalità di acquisizione della *notizia criminis* sono desumibili dall'art art. 330 c.p.p. e si sostanziano in **notizia diretta** quando è appresa direttamente dalla P.G. da fonti non qualificate o atipiche come la delazione anonima, la notizia confidenziale, l'informazione occasionale, ecc. e in notizia **indiretta** ovvero quando proviene da altri soggetti o da fonti qualificate o tipiche e recepita mediante denuncia - da pubblico ufficiale o da privato cittadino – referto e querela.
La comunicazione della *notizia criminis* viene trasmessa al P.M. tramite la **comunicazione di notizia di reato (o informativa)** (art. 347 c.p.p. e art. 107 bis Disp. Att. c.p.p. per le denuncie a carico di ignoti) e la **relazione**, per i reati di competenza del giudice di pace (art. 11 D.L.vo 274/00).
La documentazione di un atto è quella attività volta a fissare in un documento una attività compiuta così da renderla riproducibile in un momento successivo (ad es. in sede di giudizio). Le regole sulla documentazione dell'attività di P.G. sono dettate dagli artt. 357 e 373 c.p.p..
Per dovere di cronaca si precisa che a livello definitorio la cosiddetta **Annotazione d'indagine** riguarda gli atti che documentano le attività di iniziativa di P.G. e per le quali non esistono specifiche forme ma che possono essere compiute attraverso al scrittura manuale o qualsiasi altra forma (art. 115 disp. att. c.p.p.) in relazione al suo

contenuto minimo. Mentre il c.d. **Verbale** è dato da quella forma ordinaria per gli atti tipici, irripetibili, o delegati, che ha valenza di atto pubblico poiché redatto da un pubblico ufficiale (art. 136 c.p.p.).

## *Le indagini tradizionali o dirette*

Nell'ambito delle attività investigative tipiche si definiscono indagini tradizionali o dirette quei metodi *investigativi* tradizionali che vengono previsti dallo stesso codice di procedura penale. Questi sono qui riportati in un pratico schema:

**Sommarie informazioni dall'indagato (art. 350 c. 1 c.p.p.)**
*Gli ufficiali di polizia giudiziaria assumono sommarie informazioni utili per le investigazioni dalla persona nei cui confronti vengono svolte le indagini che non si trovi in stato di arresto o di fermo.*
**Competenza**: Ufficiali di PG;
**Condizioni**: indagato in stato di libertà;
**Diritto di difesa**: necessaria presenza del difensore;
**Documentazione**: redazione di verbale, deposito al PM entro 3 giorni;
**Utilizzabilità**: piena nel dibattimento per eventuali contestazioni.

**Sommarie informazioni dalla persona sottoposta alle indagini sul luogo e nell'immediatezza del fatto (art. 350 c. 5 c.p.p.)**
*Sul luogo o nell'immediatezza del fatto, gli ufficiali di polizia giudiziaria possono, anche senza la presenza del difensore, assumere dalla persona nei cui confronti vengono svolte le indagini, anche se arrestata in flagranza o fermata, notizie e indicazioni utili ai fini della immediata prosecuzione delle indagini.*
*Delle notizie e delle indicazioni assunte senza l'assistenza del difensore sul luogo o nell'immediatezza del fatto a norma del comma 5 è vietata ogni documentazione e utilizzazione*
**Competenza**: Ufficiali di PG;

**Diritto di difesa**: non prevista la presenza del difensore;
**Documentazione**: non possono essere verbalizzate;
**Utilizzabilità**: soltanto per la prosecuzione delle indagini e per la ricerca di fonti di prova.

**Dichiarazioni spontanee rese dalla persona sottoposta alle indagini (art. 350 c. 7 c.p.p.)**
*La polizia giudiziaria può altresì ricevere dichiarazioni spontanee dalla persona nei cui confronti vengono svolte le indagini, ma di esse non è consentita l'utilizzazione nel dibattimento, salvo quanto previsto dall'articolo 503 comma 3 c.p. (a cui si rimanda).*
**Competenza**: Ufficiali e agenti di PG;
**Diritto di difesa**: non prevista la presenza del difensore;
**Documentazione**: redazione di verbale, se presente il difensore deposito al PM entro 3 giorni;
**Utilizzabilità**: nel dibattimento per eventuali contestazioni.

**Sommarie informazioni dalle persone informate sui fatti (art 351 c.p.p.)**
*La polizia giudiziaria assume sommarie informazioni dalle persone che possono riferire circostanze utili ai fini delle indagini (Potenziali testimoni).*
*All'assunzione di informazioni da persona imputata in un procedimento connesso ovvero da persona imputata di un reato collegato procede un ufficiale di polizia giudiziaria. La persona predetta, se priva del difensore, è avvisata che è assistita da un difensore di ufficio, ma che può nominarne uno di fiducia. Il difensore deve essere tempestivamente avvisato e ha diritto di assistere all'atto.*
**Competenza**: Ufficiali e Agenti di PG (solo Ufficiali se la persona è imputata in un procedimento connesso o di un reato collegato);
**Diritto di difesa**: non prevista la presenza del difensore (necessaria nell'ipotesi di persona imputata in altro processo connesso);
**Documentazione**: redazione di verbale;

**Utilizzabilità**: limitata per le contestazioni e condizionata a particolari situazioni (accordo delle parti, testimone minacciato, irreperibilità);
**Modalità**: creare le migliori condizioni, favorire il racconto libero.

### Perquisizione (artt. 352 – 247 - 250 c.p.p.)
*Nella flagranza del reato o nel caso di evasione, gli ufficiali di polizia giudiziaria procedono a perquisizione personale o locale quando hanno fondato motivo di ritenere che sulla persona si trovino occultate cose o tracce pertinenti al reato che possono essere cancellate o disperse ovvero che tali cose o tracce si trovino in un determinato luogo o che ivi si trovi la persona sottoposta alle indagini o l'evaso.*
**Competenza**: Ufficiali di PG (in casi particolari anche Agenti);
**Condizioni**: d'iniziativa: flagranza di reato – fondato motivo che siano occultate cose pertinenti il reato – particolari motivi urgenti che non consentono il decreto del PM – nei casi previsti dalla legislazione speciale delle armi, terrorismo, criminalità organizzata, stupefacenti); su delega: formale decreto emesso dal PM;
**Diritto di difesa**: diritto di assistere ma non necessità di preavviso;
**Documentazione**: redazione di verbale e deposito al PM entro 48 ore;
**Utilizzabilità**: piena in tutte le fasi successive;
**Modalità**: investigazione preventiva sulla persona da perquisire, perfetta conoscenza dello stato dei luoghi (vie di accesso, di uscita, di fuga), congruo numero di operatori, intervento a sorpresa.

### Interrogatorio della persona indagata (art. 64 c.p.p.)
*La persona sottoposta alle indagini, anche se in stato di custodia cautelare o se detenuta per altra causa, interviene libera all'interrogatorio, salve le cautele necessarie per prevenire il pericolo di fuga o di violenze. Non possono essere utilizzati, neppure con il consenso della persona interrogata, metodi o tecniche*

idonei a influire sulla libertà di autodeterminazione o ad alterare la capacità di ricordare e di valutare i fatti.
**Competenza**: Ufficiali di PG;
**Condizioni**: stato di libertà dell'indagato, provvedimento di delega del PM;
**Diritto di difesa**: obbligatoria presenza del difensore, che deve essere preavvertito;
**Documentazione**: redazione di verbale (utilità in alcuni casi di videoregistrazione dell'atto);
**Utilizzabilità**: in tutte le fasi successive;
**Modalità**: acquisire preventivamente ogni utile notizia che possa agevolare la conduzione dell'atto – contestare in forma chiara e precisa i fatti che gli sono attribuiti – rendere noti gli elementi di prova contro di lui – avvisare che le dichiarazioni rese potranno sempre essere utilizzate nei suoi confronti e che ha facoltà di non rispondere – invitare ad esporre quanto ritiene utile a sua difesa – riportare le eventuali istanze e osservazioni del difensore.

### Confronto (artt. 211, 213, 370 c.p.p.)

*Il confronto è ammesso esclusivamente fra persone già esaminate o interrogate, quando vi è disaccordo fra esse su fatti e circostanze importanti.*
**Competenza**: Ufficiale PG con apposita delega del PM solo se all'atto è presente l'indagato libero;
**Condizioni**: le persone da sottoporre all'atto devono essere state già esaminate o interrogate e vi sia disaccordo tra esse su determinati fatti e circostanze;
**Diritto di difesa**: obbligatoria la presenza del difensore se all'atto partecipa l'indagato; **Documentazione**: redazione di verbale (utilità in alcuni casi di sistema video-registrazione);
**Utilizzabilità**: limitata e condizionata.

### Ispezione personale (art. 244 c.p.p.)

*L'ispezione delle persone, dei luoghi e delle cose è disposta con decreto motivato quando occorre accertare le tracce e gli altri effetti materiali del reato. Se il reato non ha lasciato tracce o effetti materiali, o se questi sono scomparsi o sono stati cancellati o dispersi, alterati o rimossi, l'autorità giudiziaria descrive lo stato attuale e, in quanto possibile, verifica quello preesistente, curando anche di individuare modo, tempo e cause delle eventuali modificazioni. L'autorità giudiziaria può disporre rilievi segnaletici, descrittivi e fotografici e ogni altra operazione tecnica, anche in relazione a sistemi informatici o telematici, adottando misure tecniche dirette ad assicurare la conservazione dei dati originali e ad impedirne l'alterazione.*
**Competenza**: Ufficiale di PG;
**Condizioni**: decreto di delega del PM;
**Finalità**: ricerca di speciali contrassegni o tracce del reato (cicatrici, tatuaggi, lesioni ecc.);
**Diritto di difesa**: obbligo di preavviso al difensore e diritto di assistere all'atto;
**Documentazione**: redazione di verbale con esecuzione di rilievi fotografici;
**Utilizzabilità**: in tutte le fasi successive;
**Modalità**: eseguire l'ispezione nel pieno rispetto della dignità della persona e del pudore (l'atto deve essere effettuato da un ufficiale di PG dello stesso sesso).

### Intercettazioni telefoniche telematiche e ambientali (artt. 266-266 bis - 268 c.p.p.)

*L'intercettazione di conversazioni o comunicazioni telefoniche e di altre forme di telecomunicazione è consentita nei procedimenti relativi ad alcune fattispecie di reato (si veda art. 266 c.p.p.)*
**Competenza**: Ufficiale di PG (nei casi di reati di criminalità organizzata anche Agenti);
**Condizioni**: richiesta del PM e decreto motivato del GIP per i reati espressamente previsti;

**Diritto di difesa:** non ammessa la presenza del difensore - non sono consentite nei confronti del difensore, dell'investigatore privato e del consulente tecnico di parte;
**Documentazione:** redazione di verbale e integrale trascrizione delle conversazioni;
**Utilizzabilità:** piena in tutte le fasi successive;
**Modalità:** devono essere eseguite utilizzando le strumentazioni istallate presso la Procura della Repubblica e solo in caso di inutilizzabilità o insufficienza degli stessi il PM può autorizzare l'uso di impianti di pubblico servizio o in dotazione alla PG.

*Le indagini indirette*

Si tratta di attività investigative cosiddette atipiche in quanto non espressamente tipizzate dalla norma penale, ma neanche esplicitamente vietate. Trattando di **indagini indirette** ci possiamo riferire a quelle attività che solitamente sono maggiormente associabili al lavoro di polizia. Esse consistono in:

1. **Acquisizione di informazioni:**
   - da acquisizione presso gli archivi di polizia;
   - da accertamenti presso pubblici uffici o registri;
   - da fonti informative (stampa, media, internet, ecc.);
   - da fonti confidenziali (attendibili, inattendibili, interessate, disinteressate);
   - da segnalazioni/denunce di anonimi (si tratta comunque di un tema complesso che qui, per ragioni di spazio, non verrà approfondito);
   - da attività "sotto copertura" (undercover);
   - da collaboratori di giustizia.

2. **Individuazione di persone:**

- **diretta**, attraverso l'osservazione di soggetti;
- **indiretta**, attraverso la visione di foto o filmati.

Sul punto si precisa però che tali attività non sono utilizzabili in dibattimento. Diversa è la ricognizione personale operata dal giudice a sensi degli artt. 213 e seguenti c.p.p. poiché quando occorre procedere a ricognizione personale, il giudice ha facoltà di invitare chi deve eseguirla a descrivere la persona indicando tutti i particolari che ricorda; gli chiede poi se sia stato in precedenza chiamato a eseguire il riconoscimento, se, prima e dopo il fatto per cui si procede, abbia visto, anche se riprodotta in fotografia o altrimenti, la persona da riconoscere, se la stessa gli sia stata indicata o descritta e se vi siano altre circostanze che possano influire sull'attendibilità del riconoscimento.

3. **Appostamento:** la c. d. "osservazione statica" che si esegue con l'utilizzo di opportuni mezzi tecnici, con modalità di "copertura" (attività undercover) e la tecnica di descrizione dei fatti/eventi;
4. **Pedinamento:** la c.d. "osservazione dinamica" che può svolgersi in modo appiedato, automontato, elettronico e sempre utilizzando la tecnica di descrizione dei fatti/eventi;
5. **Tracciabilità delle utenze telefoniche**: controllo del traffico telefonico di utenze e studio delle relazioni tra i vari soggetti (intercettazioni telefoniche e ambientali).

# X
# L'identificazione delle persone

*Norme e principi*

L'identità è data da quell'complesso dei dati personali, caratteristici e fondamentali, che consentono l'individuazione o garantiscono l'autenticità, specialmente dal punto di vista anagrafico o burocratico. Si tratta, infatti, dell'insieme dei caratteri fisici e somatici uniti alle generalità (come ad es. il nome e cognome).
Fin dai tempi più remoti, inoltre, l'essere umano ha rilevato una costante necessità di avere certezze sull'identità personale, questo ovviamente per diversi motivi.
Facendo solo un breve excursus storico si evidenzia come l'identificazione sia stata utilizzata fin dal Medio-Evo (epoca di costanti ordalie) all'avvento del Codice Pre-napoleonico (utilizzo del marchio a fuoco).
A partire dal 1870 per l'identificazione venne poi utilizzato il c.d. metodo di Bertillon (o bertillonage) che utilizzava la fotografia del soggetto mediante le gemelle Ellero (foto frontale e profilo destro).
Inoltre in seguito, si attribuisce a Hershell, un Governatore inglese del Bengala, una fondamentale intuizione sulle impronte digitali; il quale si rese conto che quelle degli schiavi che non sapevano scrivere potevano essere utilizzate come sostitutivo della firma sui documenti.
Ma è con gli studi biologici di Malpighi che abbiamo la scoperta degli strati dell'epidermide (corneo, trasparente, granuloso, del Malpighi, basale).

## Art. 4 T.U.L.P.S.

*L'autorità di pubblica sicurezza ha facoltà di ordinare che le persone pericolose o sospette e coloro che non sono in grado o si rifiutano di provare la loro identità siano sottoposti a rilievi segnaletici. Ha facoltà inoltre di ordinare alle persone pericolose o sospette di munirsi, entro un dato termine, della carta di identità e di esibirla ad ogni richiesta degli ufficiali o degli agenti di pubblica sicurezza.*

Si precisa che cosa assai diversa è l'obbligo di fornire indicazioni sulla propria identità personale, rispetto al dovere di documentarle (Cass. sez. I, 25 giugno 1987, n. 1769).

Il rifiuto di esibire un documento di riconoscimento e contemporaneamente di dare indicazioni sulla propria identità personale, costituisce concorso materiale della contravvenzione prevista dall'art. 651 c.p. con la contravvenzione prevista dal T.U.L.P.S. (Cass. sez. VI, 13 aprile 1989, n. 10378).

### Rifiuto d'indicazioni sulla propria identità personale (art. 651c.p.)

*Chiunque, richiesto da un pubblico ufficiale nell'esercizio delle sue funzioni, rifiuta di dare indicazioni sulla propria identità personale, sul proprio stato, o su altre qualità personali, è punito con l'arresto fino a un mese o con l'ammenda fino a duecentosei euro.*

### Legge n. 1423/1956
### "Misure di prevenzione nei confronti delle persone pericolose per la sicurezza e per la pubblica moralità".

Trattasi di soggetti che mantengono un tenore di vita ed una condotta riconducibile ad attività delittuosa ed i rilievi dattiloscopici vengono effettuati contestualmente alla notifica del provvedimento all'interessato.

**Legge n. 152/1975**
**"Disposizioni a tutela dell'ordine pubblico"**

*In casi eccezionali di necessità e di urgenza, che non consentono un tempestivo provvedimento dell'autorità giudiziaria, gli ufficiali ed agenti della polizia giudiziaria e della forza pubblica nel corso di operazioni di polizia possono procedere, oltre che all'identificazione, all'immediata perquisizione sul posto, al solo fine di accertare l'eventuale possesso di armi, esplosivi e strumenti di effrazione, di persone il cui atteggiamento o la cui presenza, in relazione a specifiche e concrete circostanze di luogo e di tempo non appaiono giustificabili.*

**La legge 189/2002**
**"Modifica alla normativa in materia di immigrazione e di asilo" (c.d. "Bossi/Fini")**

Prevede all'art 4 e 5 l'assunzione delle impronte digitali e palmari all'extracomunitario che richiede il rilascio/rinnovo del permesso di soggiorno sul territorio nazionale.

## *I metodi d'identificazione*

Si rappresenta che nel nostro ordinamento giuridico il principale strumento di identificazione delle persone fisiche è dato dalla **carta d'identità** (art. 3 T.U.L.P.S.). Partendo da questo presupposto fondamentale possiamo evidenziare come a mente dell'art. 35 del D.P.R. 445/200 vi sono altri documenti considerati titolo equipollente alla carta di identità, essendo muniti di fotografia e di timbro, o altra segnatura equivalente, e rilasciati da una amministrazione dello Stato. Questi sono:
- il passaporto (sia titolo di viaggio sia di identificazione);
- la patente di guida;
- il libretto del porto d'armi;

- la patente nautica;
- le tessere di riconoscimento rilasciate dalle amministrazioni dello Stato ai propri dipendenti (valide 10 anni a mente dell' art. 7 D.L. 5/2012).

Al di là dell'identificazione mediante esibizione del documento d'identità si precisa che tra i metodi classici relativi all'identificazione del soggetto rientrano quello **dattiloscopico** ovvero attraverso l'utilizzo delle le impronte digitali, il quale consente l'identificazione certa e assoluta di 1 su 17 miliardi di persone: dato di estrema importanza tenuto conto che la popolazione mondiale è di circa poco superiore ai 7 miliardi.

Il metodo del codice genetico c.d. DNA, inoltre, consente l'identificazione mediante giudizio di compatibilità genetica di 1 su 3 miliardi di persone. Questo metodo prevede una certezza di esclusione in caso di esito negativo e in caso di riscontri positivi un giudizio di compatibilità più o meno elevata secondo gli elementi della corrispondenza.

Tra i metodi alternativi di identificazione del soggetto, invece, rientrano il **metodo antropologico**, quello **antropomorfico** (confronti morfologici dei caratteri generali e particolari) e quello **antropometrico** (confronti dei caratteri con misurazioni ed elaborazione con sistema computerizzato) trattandosi di metodologie volte alla misurazione delle caratteristiche fisiche dell'uomo, come altezza, peso, dimensioni naso, orecchie, ecc.: i c.d. connotati e contrassegni salienti.

L'**identificazione antropologica**, infatti, consente di attribuire un'immagine ad una specifica persona attraverso la misurazione e il confronto dei caratteri fisici e somatici: caratteri generali (forma e dimensione) e caratteri particolari (connotati, connotati salienti, contrassegni). In questo ambito appare quanto mai necessario l'utilizzo del cosiddetto esperimento giudiziale.

Vi è poi l'**analisi della voce**, mediante strumentazioni tecniche e digitali, e l'**analisi della scrittura** e del gesto grafico (Grafologia, Grafometria, Grafonomia).

Tra i metodi classici d'identificazione rientrano gli Studi di Galton sui principi del metodo dattilosocpico. Secondo Galton le impronte digitali sono caratterizzate da:
- **Immutabilità**: le impronte si formano dal 6° mese di vita intrauterina e permangono fino al dissolvimento cadaverico;
- **Variabilità**: le impronte sono diverse in uno stesso soggetto e tra i gemelli omozigoti;
- **Classificabilità**: le impronte sono classificabili per i tre sistemi delle creste centrale, marginale e basale (Fig. 1) e per la loro morfologia riconducibile a 4 fondamentali figure adelta, monodelta, bidelta e composta (Fig. 2). Il delta è così definito in relazione alla figura, simile alla lettera maiuscola delta dell'alfabeto greco, che assume sui polpastrelli e che costituisce appunto un triangolo.

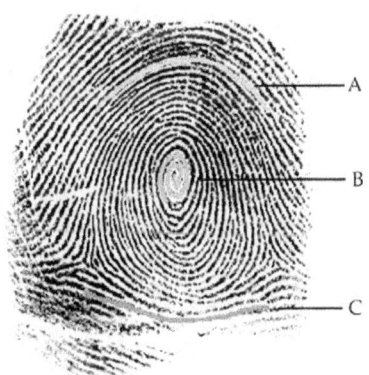

A. Sistema marginale o periferico
B. Sistema centrale o precipuo
C. Sistema di base o basale

Fig. 1

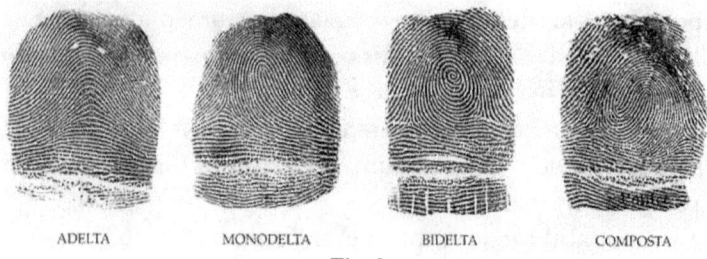

ADELTA   MONODELTA   BIDELTA   COMPOSTA
Fig. 2

La classificazione delle impronte digitali:

- Figura adelta: assenza o scarsa definizione del delta;
- Figura monodelta: presenza di un solo delta alla base circa del polpastrello;
- Figura bidelta: presenza di due delta;
- Figura composta: impronta caratterizzata da due delta con sistemi di linee papillari ad ansa racchiusi uno nell'altro.

*L'identificazione dattiloscopica mediante minuzie*

Si precisa che secondo la giurisprudenza italiana si può ritenere che quando nell'ambito della comparazione tra le impronte vi sono almeno 16-17 punti caratteristi, uguali per forma e posizione si può esprimere una certezza d'identità giuridicamente valido, il c.d. giudizio d'identità dattiloscopica (Cfr. Cass. Pen. sez. 2 n. 2559 del 14.11.1959; Cass. Pen. sez. 4 n. 4254 del 02.02.1989; Cass. Pen. sez. 5 n. 24341 del 23.5.2005 e altre).

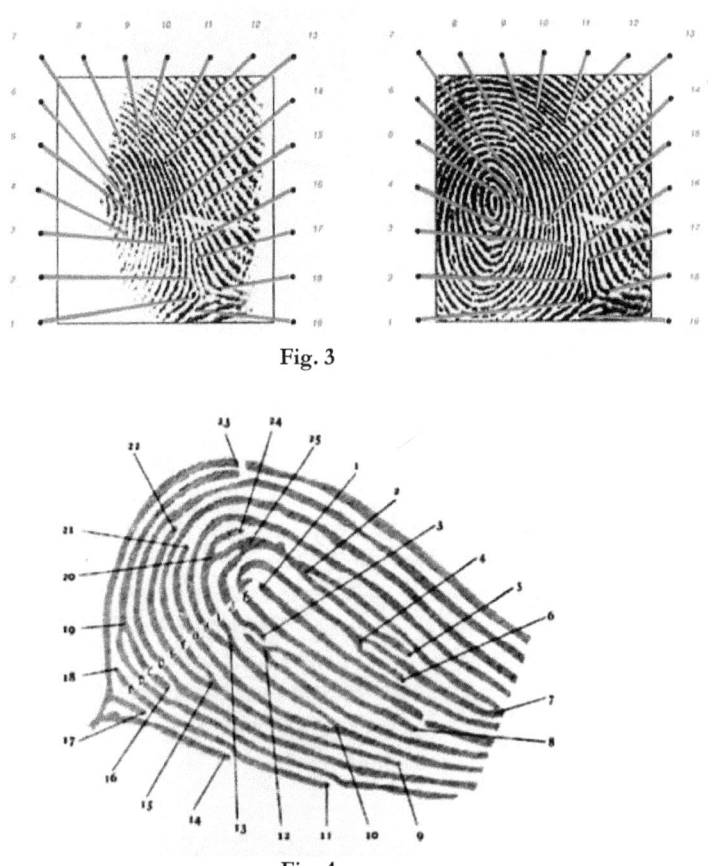

Fig. 3

Fig. 4

*L'identificazione nell'attività di polizia*

Nell'ambito dell'attività di polizia risulta opportuno fare una breve distinzione tra l'**identificazione preventiva**, il cui utilizzo principale avviene per ragioni di pubblica sicurezza al di là della commissione di un reato, e l'**identificazione giudiziaria**, il cui fine è legato strettamente al proseguo del procedimento penale.

MODULARIO
I. - P.S. 266

Mod. 266

**REPUBBLICA ITALIANA**
**MINISTERO DELL'INTERNO - CASELLARIO CENTRALE D'IDENTITÀ**
**SCHEDA DECADATTILOSCOPICA**

| Cognome | | | | |
|---|---|---|---|---|
| Nome | | | Sesso | M  F |
| Data Nascita | | Luogo | | |
| Provincia | | Nazione | | |
| EURODAC | SI  NO | Del | | |
| Motivo del Segnalamento | | | | |
| Luogo del Segnalamento | | | | |
| Firma del Segnalato | | | CODICE TRANSAZIONE AFIS | |
| Data | | | | |
| Ufficio Segnalatore | | | | |

RIFERIMENTO ARCHIVIO

LE GENERALITÀ RIPORTATE RISULTANO SICURAMENTE ESATTE?  SI  NO  C. S.

## IMPRONTE PER ROTAZIONE - ROLLED IMPRESSIONS

| 1. Pollice destro<br>1. Right thumb | 2. Indice destro<br>2. Right forefinger | 3. Medio destro<br>3. Right middle finger | 4. Anulare destro<br>4. Right ring finger | 5. Mignolo destro<br>5. Right little finger |
|---|---|---|---|---|
|  |  |  |  |  |

| 1. Pollice sinistro<br>1. Left thumb | 2. Indice sinistro<br>2. Left forefinger | 3. Medio sinistro<br>3. Left middle finger | 4. Anulare sinistro<br>4. Left ring finger | 5. Mignolo sinistro<br>5. Left little finger |
|---|---|---|---|---|
|  |  |  |  |  |

MANO SINISTRA
LEFT HAND

## IMPRONTE PER SOVRAPPOSIZIONE - PLAIN IMPRESSIONS

MANO DESTRA
RIGHT HAND

| DUE POLLICI - TWO THUMBS | |
|---|---|
| SINISTRO - LEFT | DESTRO - RIGHT |
|  |  |

Palmare mano sinistra

Firma del Segnalato: _____

Palmare mano destra

| MODULARIO |
| L - P.S 287 |

Mod. 287

**MINISTERO DELL'INTERNO**
DIPARTIMENTO DELLA PUBBLICA SICUREZZA
DIREZIONE CENTRALE DELLA POLIZIA CRIMINALE
**CASELLARIO CENTRALE D'IDENTITÀ**

Riferimento archivio

Codice transazione A.F.I.S.

Cognome _____

Nome _____

Padre _____ Madre _____

Sesso ____ Data di nascita _____ Codice ____ Stato civile _____

Luogo di nascita _____ Prov. (___) Stato di nascita _____

Indirizzo _____

Comune _____ Provincia _____

Cittadinanza _____ Gruppo etnico _____ Professione _____

Motivo del segnalamento _____

Pregiudizi e tecnica criminale _____

Ufficio segnalatore _____ Codice SDI _____ Data _____

Luogo _____ Provincia _____ Operatore _____

**Connotati cromatici**

| Occhi | Cute | Peli facciali |
|---|---|---|
| Aureola | Pigmento | Baffi |
| Periferia | Capelli | Barba |

**Connotati salienti**

| Altezza | |
| Corporatura | |
| Forma del viso | |
| Fronte | |
| Sopracciglia | |
| Occhi | |
| Naso | |
| Orecchio | |
| Bocca | |

**Contrassegni**

Propriamente detti:

Per imperfezioni fisiche:

Per anomalie di conformazione:

**Fig. 5, 6, 7.** Alcuni esempi di cartellino fotosegnaletico utilizzato dalla polizia scientifica nell'ambito del c.d. fotosegnalamento. Si precisa che l'inserimento delle impronte digitali avviene nel database del sistema A.F.I.S. – Automated Fingerprint Identification System.

Ai sensi dell'art 349 c.p.p. la polizia giudiziaria procede alla identificazione della persona nei cui confronti vengono svolte le indagini e delle persone in grado di riferire su circostanze rilevanti per la ricostruzione dei fatti.
Alla identificazione della persona nei cui confronti vengono svolte le indagini può procedersi anche eseguendo, ove occorra, rilievi dattiloscopici, fotografici e antropometrici nonché altri accertamenti.
Se gli accertamenti comportano il prelievo di capelli o saliva e manca il consenso dell'interessato, la polizia giudiziaria procede al prelievo coattivo nel rispetto della dignità personale del soggetto, previa autorizzazione scritta, o resa oralmente e confermata per iscritto, del pubblico ministero.
Quando procede alla identificazione, la polizia giudiziaria invita la persona nei cui confronti vengono svolte le indagini a dichiarare o a eleggere il domicilio per le notificazioni (art. 161 c.p.p.).
Se la persona rifiuta di farsi identificare ovvero fornisce generalità o documenti di identificazione in relazione ai quali sussistono sufficienti elementi per ritenerne la falsità, la polizia giudiziaria la accompagna, a mente dell'art. 349 c. 4 c.p.p.), nei propri uffici e ivi la trattiene per il tempo strettamente necessario per la identificazione e comunque non oltre le dodici ore ovvero, previo avviso anche orale al pubblico ministero, non oltre le ventiquattro ore, nel caso che l'identificazione risulti particolarmente complessa oppure occorra l'assistenza dell'autorità consolare o di un interprete, ed in tal caso con facoltà per il soggetto di chiedere di avvisare un familiare o un convivente.
Dell'accompagnamento e dell'ora in cui questo è stato compiuto è data immediata notizia al pubblico ministero. Al pubblico ministero è data altresì notizia del rilascio della persona accompagnata e dell'ora in cui esso è avvenuto.

## *I reati concernenti l'identificazione*

Commette il reato di **sostituzione di persona** (art. 494 c.p.) chiunque, al fine di procurare a sé o ad altri un vantaggio o di recare ad altri un danno, induce taluno in errore, sostituendo illegittimamente la propria all'altrui persona, o attribuendo a sé o ad altri un falso nome, o un falso stato, ovvero una qualità a cui la legge attribuisce effetti giuridici, è punito, se il fatto non costituisce un altro delitto contro la fede pubblica con la reclusione fino a un anno.

Tra i delitti di falso concernenti l'identificazione rientra la condotta antigiuridica di chiunque **dichiara o attesta falsamente** a un pubblico ufficiale circa l'identità, lo stato o altre qualità della propria o dell'altrui persona. A mente dell'art. 495 c.p. la pena è della reclusione da uno a sei anni. La reclusione non è inferiore a due anni se si tratta di dichiarazioni in atti dello stato civile o se la falsa dichiarazione sulla propria identità, sul proprio stato o sulle proprie qualità personali è resa all'autorità giudiziaria da un imputato o da una persona sottoposta ad indagini, ovvero se, per effetto della falsa dichiarazione, nel casellario giudiziale una decisione penale viene iscritta sotto falso nome.

Inoltre si precisa che secondo l'art. 495-ter c.p. chiunque, al fine di **impedire la propria o altrui identificazione**, altera parti del proprio o dell'altrui corpo utili per consentire l'accertamento di identità o di altre qualità personali, è punito con la reclusione da uno a sei anni. Il fatto è aggravato se commesso nell'esercizio di una professione sanitaria.

Per quanto attiene alle false dichiarazioni sull'identità o su qualità personali proprie o di altri (art. 496 c.p.) la norma punisce, con la reclusione da uno a cinque anni, chiunque interrogato sulla identità, sullo stato o su altre qualità della propria o dell'altrui persona, fa **mendaci dichiarazioni a un pubblico ufficiale** o a persona incaricata di un pubblico servizio, nell'esercizio delle funzioni o del servizio.

Infine si rileva come il legislatore italiano abbia altresì inteso punire anche il possesso e la **fabbricazione di documenti di identificazione falsi** (art. 497-bis c.p.). Infatti chiunque è trovato in possesso di un documento falso valido per l'espatrio è punito con la reclusione da uno a quattro anni. La pena di cui al primo comma è aumentata da un terzo alla metà per chi fabbrica o comunque forma il documento falso, ovvero lo detiene fuori dei casi di uso personale.

# XI
# Il sequestro

Il **sequestro**, il cui termine deriva dal latino, con il significato di **"separare"** o **"allontanare"**, è un'attività che si verifica ogni qual volta ad un soggetto viene sottratto un bene contro la sua volontà.
Il codice di procedura penale disciplina tre tipi di sequestro: il sequestro conservativo, il sequestro probatorio (o penale), e il sequestro preventivo.

## Il sequestro conservativo

Il **sequestro conservativo** è disciplinato dagli artt. 316-320 c.p.p. ed ha la finalità di **garantire l'adempimento delle obbligazioni civili** connesse al reato ed al procedimento penale, quindi ha una natura **cautelare reale** (da res, sulla cosa).
Le obbligazioni civili che si la norma intende garantire sono: le pene pecuniarie e ogni altra somma dovuta allo Stato; le spese del procedimento; le spese relative al mantenimento del condannato; le somme dovute a titolo di risarcimento del danno.
Può essere disposto **esclusivamente** dal giudice su richiesta del P.M. e della parte civile nel caso in cui vi sia un fondato motivo di ritenere che manchino o si disperdano le garanzie per il pagamento dei crediti sopra indicati.

## Il sequestro probatorio

Il **sequestro probatorio o penale** è un atto **tipico** di **assicurazione** delle **prove oggettive** che può essere compiuto direttamente ad **iniziativa** da parte della P.G.
Consiste nella sottrazione della disponibilità di un bene mobile o immobile (coercizione reale) ad un soggetto. Tale bene deve poi essere custodito dalla P.G. per il successivo accertamento del reato.
Lo scopo del sequestro probatorio è quello di **assicurare** le cose che possono costituire il corpo del reato e le cose pertinenti al reato necessarie per l'accertamento dei fatti (art. 253/1 c.p.p.).
Per **corpo del reato** si intende tutte quelle cose sulle quali o attraverso le quali il reato è stato commesso (ad es. autovettura investitrice, arma omicida, oggetti danneggiati, ecc.), nonché quelle cose che ne possono costituire il prodotto, il profitto o il prezzo (ad es. refurtiva, somme percepite per commettere il delitto, ecc.) (art. 253/2 c.p.p.).
Presupposti per procedure con il sequestro sono l'esistenza di un reato dal momento che non è possibile procedere al sequestro solo sulla base del sospetto che l'agente avesse intenzione di commettere un atto illecito. Rileva poi l'esistenza del pericolo che le cose, le tracce e il luogo del reato si alterino, si disperdano o si modifichino. Il terzo presupposto è il caso in cui il P.M. non possa intervenire tempestivamente (art. 354/2 c.p.p.).
Il **sequestro probatorio** può essere compiuto per competenza **solo** da parte degli Ufficiali di P.G. (art. 354/2 c.p.p.), ma nei casi di particolare necessità ed urgenza **anche** dagli Agenti di P.G. (art. 113 disp. att. c.p.p.).
Esistono poi peculiari **garanzie difensive** relativamente a tale misura cautelare reale. Infatti il difensore ha facoltà di assistere alla esecuzione dell'atto, ma non ha il diritto di essere preventivamente avvisato (c.d. atto a sorpresa) (art. 356 c.p.p.). Il soggetto indagato deve comunque essere avvisato, se presente, che ha facoltà di farsi

assistere dal difensore di fiducia (art. 114 disp. att. c.p.p.). Nel caso in cui non vi sia la nomina dell'avvocato di fiducia non vi è obbligo di procedere alla nomina del difensore d'ufficio. Se il difensore di fiducia era presente si recisa che il verbale di sequestro deve essere depositato presso la segreteria del P.M. entro i 3 giorni successivi al compimento dell'atto a disposizione del difensore (art. 366/1 c.p.p.).
Relativamente alle **modalità operative** con cui si compie il sequestro si precisa che la cosa sequestrata deve essere assicurata mediante la nomina di un **custode**, il quale è avvertito dell'obbligo di conservare e presentare la cosa ad ogni richiesta e delle pene previste per chi trasgredisce il dovere della custodia (artt. 259/2 c.p.p. e 334-335 c.p.), inoltre si appone in maniera simbolica un sigillo o altro mezzo idoneo ad indicare il vincolo apposto (art. 260 c.p.p.).
Bisogna ricordare che il sequestro deve sempre essere documentato attraverso la redazione di apposito **verbale** (art. 357/2 lett. d), il quale deve essere trasmesso senza ritardo e comunque non oltre le 48 ore al P.M. ai fini della convalida, si tratta di un termine entro il quale deve intervenire la convalida pena la **perdita di efficacia** del provvedimento stesso.
L'atto, inoltre, essendo non ripetibile è pienamente utilizzabile sia prima sia durante il processo penale, e il verbale di sequestro entra a far parte del fascicolo del dibattimento (art. 431/1 lett. b) c.p.p.) costituendo una prova piena.

## *Il sequestro preventivo*

Il **sequestro preventivo**, previsto dall'art. 321 c.p.p., costituisce una misura cautelare reale che ha il fine di impedire la prosecuzione del reato o la commissione di nuovi reati (c.d. prevenzione speciale). Ha quindi una finalità extraprocessuale distinta da quella perseguita dal sequestro penale. Vi è comunque la possibilità di attuare contemporaneamente un sequestro probatorio e uno preventivo sul medesimo oggetto.

Inoltre il sequestro preventivo può essere attuato, in via ordinaria, dal **giudice** su richiesta del P.M., dal **P.M.**, nel corso delle indagini preliminari, quando non è possibile per la situazione d'urgenza attendere il provvedimento del giudice, ovvero dagli **Ufficiali di P.G.**, ma **non** già dagli Agenti di P.G., negli stessi casi in cui può procedere il P.M. e prima del suo intervento. Le garanzie difensive sono le **stesse** previste per il sequestro probatorio.

Il verbale deve essere trasmesso entro 48 ore al P.M., il quale chiede entro 48 ore al giudice la convalida e l'emissione del decreto di sequestro. Il mancato rispetto di tali obblighi determina la perdita di efficacia del sequestro stesso (art. 321/3bis c.p.p.).

La documentazione è la stessa prevista per il sequestro probatorio, anche se in questo caso l'atto non assume alcun valore processuale dal momento che riveste solo una natura preventiva.

Per le modalità di esecuzione e custodia si applicano le nuove modalità previste dall'art. 104 disp. att. c.p.p. modificato dalla Legge n. 94/09 *"Disposizioni in materia di sicurezza pubblica"*.

# XII
## Arresto e fermo

*Arresto obbligatorio*

L'arresto è una temporanea misura di privazione della libertà personale prevista dal codice di procedura penale e soggetta a determinati requisiti e garanzie costituzionali. Questo istituto giuridico si pone il fine di prevenire la fuga di un soggetto, qualora ne ricorrano i presupposti e le condizioni di legge, ed è finalizzato ad impedire che i reati vengano portati ad ulteriori conseguenze, o che vi sia la necessità di tutelare lo sviluppo delle indagini preliminari da parte delle forze di polizia, impedendo che la persona possa fuggire sottraendosi alla giustizia o per assicurare l'esecuzione della pena a carico di una persona condannata.

Il codice di procedura penale prevede, infatti, il c.d. **arresto obbligatorio in flagranza** (art. 380 c.p.p.) detto anche fermo di polizia. Seconda la norma, infatti, gli ufficiali e gli agenti di polizia giudiziaria possono procedere all'arresto di chiunque è colto in flagranza di un delitto non colposo, consumato o tentato, per il quale la legge stabilisce la pena dell'ergastolo o della reclusione non inferiore nel minimo a cinque anni e nel massimo a venti anni. È consentito l'arresto **obbligatorio in flagranza nei: delitti contro la personalità dello Stato; delitti di devastazione e saccheggio** (articolo 419 c.p.); **delitti contro l'incolumità pubblica; delitti di riduzione in schiavitù** (art. 600 c.p.); **prostituzione minorile** (art. 600-bis c.p.); **pornografia minorile** (art. 600-ter); **iniziative turistiche volte allo sfruttamento della prostituzione minorile** (articolo 600-quinquies c.p.); **violenza sessuale** (art. 609-bis c.p.); **furto con violazione di** domicilio, con effrazione o scasso, e con scippo (art. 625 c.p.); rapina (art. 628 c.p.) estorsione (art. 629 c.p.); reati in materia di armi (L. 110/75); reati in materia di sostanze stupefacenti o psicotrope (D.P.R. 309/90); reati in materia di terrorismo o eversione; reati in materia di associazioni segrete, associazione di tipo mafioso (art. 416-bis c.p.) e associazione per delinquere (art. 416 c.p.); delitti di maltrattamenti contro familiari e conviventi e di atti persecutori, previsti dall'articolo 572 e dall'articolo 612 bis c.p.; ipotesi indicata nell'art. 589-bis c.p. di **omicidio colposo stradale** punito con la reclusione da 8 a 12 anni in caso di circostanze aggravanti (come ad es. utilizzo di alcool e/o droghe).

Si precisa che se si tratta di delitto perseguibile a querela, l'arresto in flagranza viene eseguito se la querela viene proposta, anche con dichiarazione resa oralmente all'ufficiale o all'agente di polizia giudiziaria presente nel luogo. Se l'avente diritto dichiara di rimettere la querela, l'arrestato deve essere posto immediatamente in libertà.

*Arresto facoltativo*

Vi è poi l'ipotesi di **arresto facoltativo in flagranza** (art. 381 c.p.p.) che prevede il caso in cui gli ufficiali e gli agenti di polizia giudiziaria hanno facoltà di arrestare chiunque è colto in flagranza di un delitto non colposo, consumato o tentato, per il quale la legge stabilisce la pena della reclusione superiore nel massimo a tre anni ovvero di un delitto colposo per il quale la legge stabilisce la pena della reclusione non inferiore nel massimo a cinque anni. Tra gli altri casi in cui è consentito l'arresto facoltativo vi sono: **peculato** (art. 316 c.p.); **corruzione per un atto contrario ai doveri d'ufficio** (art. 319 c.p.); **violenza o minaccia a un pubblico ufficiale** (art. 336 c.p.); **commercio e somministrazione di medicinali guasti e di sostanze alimentari nocive** (artt. 443 e 444 c.p.); **lesione personale** (art. 582 c. p.); **violazione di domicilio** art. 614 c. p.); **furto** (art. 624 c.p.); **danneggiamento aggravato** (art. 635 c.p.); **truffa** (art. 640 c.p.); **appropriazione indebita** (art.646 c.p.); **offerta, cessione o detenzione di materiale pornografico** (art. 600-ter e 600-quater c.p.); **alterazione di armi e fabbricazione di esplosivi** (L. 110/75); **fabbricazione, detenzione o uso di documento di identificazione falso** (art. 497-bis c.p.); **falsa attestazione o dichiarazione a un pubblico ufficiale sulla identità o su qualità personali proprie o di altri** (art. 495 c.p.); **fraudolente alterazioni per impedire l'identificazione o l'accertamento di qualità personali** (art. 495-ter c.p.); delitto di **lesioni colpose stradali gravi o gravissime** previsto dall'articolo 590-bis, secondo, terzo, quarto e quinto comma, del codice penale.

Se si tratta di delitto perseguibile a querela, l'arresto in flagranza può essere eseguito se la querela viene proposta, anche con dichiarazione resa oralmente all'ufficiale o all'agente di polizia giudiziaria presente nel luogo. Se l'avente diritto dichiara di rimettere la querela, l'arrestato dove essere posto immediatamente in libertà. Si può procedere all'arresto in flagranza soltanto se la misura è giustificata dalla gravità del fatto ovvero dalla pericolosità del soggetto desunta dalla sua personalità o dalle circostanze del fatto. Non è consentito l'arresto della persona richiesta di fornire informazioni dalla polizia giudiziaria o dal pubblico ministero per reati concernenti il contenuto delle informazioni o il rifiuto di fornirle.

Merita di soffermarsi brevemente sul concetto di flagranza. La norma, infatti, in merito allo **stato di flagranza** (art. 382 c.p.p.) afferma che è in stato di flagranza chi viene colto nell'atto di commettere il reato ovvero chi, subito dopo il reato, è inseguito dalla polizia giudiziaria, dalla persona offesa o da altre persone ovvero è sorpreso con cose o tracce dalle quali appaia che egli abbia commesso il reato immediatamente prima. Nel reato permanente lo stato di flagranza dura fino a quando non è cessata la permanenza. In dottrina si è affrontato anche il tema della c.d. **quasi flagranza,** quando tra il fatto e l'arresto intercorre un lasso temporale breve (anche se non determinabile aprioristicamente) e quando vi è stretta continuità tra consumazione del reato, avvio delle indagini e sorpresa dell'arrestato con cose o tracce relative al reato stesso. Si precisa però che secondo la Cassazione Penale sezione 3, con sentenza n. 34918 del 13/07/2011 (depositata il 27/09/2011) *non sussiste la condizione di cosiddetta "quasi-flagranza" qualora l'inseguimento dell'indagato da parte della P.G. sia stato iniziato per effetto e solo dopo l'acquisizione di informazioni da parte di terzi.* Per ragione di cronaca si citano i due casi di **arresto al di fuori dei casi di flagranza:** arresto differito (ad es., art. 98 D.P.R. 309/90 e art. 8 L. 401/89); arresto senza flagranza (ad es. art. 385 c.p. e art. 75 D.lgs. 159/2011).

### *Fermo di indiziato di delitto*

Anche fuori dei casi di flagranza, quando sussistono specifici elementi che, anche in relazione alla impossibilità di identificare l'indiziato, fanno ritenere fondato il pericolo di fuga, il pubblico ministero dispone il fermo della persona gravemente indiziata di un delitto (**fermo di indiziato di delitto** di cui all'art. 384 c.p.p.) per il quale la legge stabilisce la pena dell'ergastolo o della reclusione non inferiore nel minimo a due anni e superiore nel massimo a sei anni ovvero di un delitto concernente le armi da guerra e gli esplosivi o di un delitto commesso per finalità di terrorismo, anche internazionale, o di eversione dell'ordine democratico.

Prima che il pubblico ministero abbia assunto la direzione delle indagini, gli **ufficiali e gli agenti di polizia giudiziaria** procedono al fermo di propria iniziativa.

La polizia giudiziaria procede al fermo di propria iniziativa qualora sia successivamente individuato l'indiziato ovvero sopravvengono specifici elementi, quali il possesso di documenti falsi, che rendano fondato il pericolo che l'indiziato sia per darsi alla fuga e non sia possibile, per la situazione di urgenza, attendere il provvedimento del pubblico ministero.

## *Doveri della polizia giudiziaria in caso di arresto o di fermo (art. 386 c.p.p.)*

Gli ufficiali e gli agenti di polizia giudiziaria che hanno eseguito l'arresto o il fermo o hanno avuto in consegna l'arrestato, danno immediata notizia al pubblico ministero del luogo dove l'arresto o il fermo è stato eseguito e devono avvertire l'arrestato o il fermato della facoltà di nominare un difensore di fiducia. Dell'avvenuto arresto o fermo gli ufficiali e gli agenti di polizia giudiziaria informano immediatamente il difensore di fiducia o di ufficio.
Gli ufficiali e gli agenti di polizia giudiziaria pongono l'arrestato o il fermato a disposizione del pubblico ministero al più presto e comunque non oltre ventiquattro ore dall'arresto o dal fermo. Entro il medesimo termine trasmettono il relativo verbale, salvo che il pubblico ministero autorizzi una dilazione maggiore. Il verbale contiene l'eventuale nomina del difensore di fiducia, l'indicazione del giorno, dell'ora e del luogo in cui l'arresto o il fermo è stato eseguito e l'enunciazione delle ragioni che lo hanno determinato.
Gli ufficiali e gli agenti di polizia giudiziaria pongono l'arrestato o il fermato a disposizione del pubblico ministero mediante la conduzione nella casa circondariale o mandamentale del luogo dove l'arresto o il fermo è stato eseguito.
Gli ufficiali e gli agenti di polizia giudiziaria trasmettono il verbale di fermo anche al pubblico ministero che lo ha disposto.
Nei casi previsti dall'articolo 380 ogni persona è autorizzata a procedere all'arresto in flagranza, quando si tratta di delitti perseguibili di ufficio. La persona che ha eseguito l'arresto deve senza ritardo consegnare l'arrestato e le cose costituenti il corpo del reato alla

polizia giudiziaria la quale redige il verbale della consegna e ne rilascia copia (art. 383 c.p.p.).
La polizia giudiziaria, con il consenso dell'arrestato o del fermato, deve senza ritardo dare notizia ai familiari dell'avvenuto arresto o fermo (art. 387 c.p.p).
Se risulta evidente che l'arresto o il fermo è stato eseguito per errore di persona o fuori dai casi previsti dalla legge il pubblico ministero (o dallo stesso ufficiale di polizia giudiziaria) dispone con decreto motivato che l'arrestato o il fermato sia posto immediatamente in libertà (art. 389 c.p.p).
Entro quarantotto ore dall'arresto o dal fermo il pubblico ministero, qualora non debba ordinare la immediata liberazione dell'arrestato o del fermato, richiede la convalida al giudice per le indagini preliminari competente in relazione al luogo dove l'arresto o il fermo è stato eseguito (art. 390 c.p.p.).

> **Omessa comunicazione dell'arresto o del fermo al difensore**
>
> *Cass. Pen. Sez. 6, Sentenza n. 31281 del 06.05.2009 Cc. (dep. 29/07/2009) Rv. 244679*
>
> *Non è causa di nullità l'inosservanza da parte della polizia giudiziaria dell'obbligo di avvisare il difensore d'ufficio, nominato nella circostanza, dell'avvenuto arresto in flagranza, mancando una previsione espressa in tal senso e non ricorrendo alcuna violazione del diritto di difesa dell'imputato riconducibile alle cause generali di nullità.*

*Interrogatorio dell'arrestato o del fermato (art. 388 c.p.p.)*

Il pubblico ministero può procedere all'interrogatorio dell'arrestato o del fermato, dandone tempestivo avviso al difensore di fiducia ovvero, in mancanza, al difensore di ufficio.

Durante l'interrogatorio, osservate le forme previste dall'articolo 64, il pubblico ministero informa l'arrestato o il fermato del fatto per cui si procede e delle ragioni che hanno determinato il provvedimento comunicandogli inoltre gli elementi a suo carico e, se non può derivarne pregiudizio per le indagini, le fonti.

### Fermo di indiziato di delitto (art. 384 c.p.p.)

Fermo disposto dal pm
- pericolo di fuga;
- gravi indizi di commissione di un delitto per il quale la legge stabilisce la pena dell'ergastolo o della reclusione non inferiore nel minimo a due anni e superiore nel massimo a sei anni, ovvero di un delitto concernente le armi da guerra e gli esplosivi.

Fermo di iniziativa da parte della p.g.:
- Omessa assunzione delle indagini da parte del P.M., ove sussistano i presupposti previsti dall'art. 384, comma 1, c.p.p.;
- successiva individuazione dell'indiziato, o sopravvenienza di specifici elementi che rendano fondato il pericolo che l'indiziato sia per darsi alla fuga e non sia possibile, per la situazione di urgenza, attendere il provvedimento del Pubblico Ministero.

Pericolo di fuga
Il requisito del pericolo di fuga non é ravvisabile nel temporaneo allontanamento dal luogo del delitto, dovendosi, invece, fondare su elementi specifici, dotati di capacità di personalizzazione e desumibili da circostanze concrete.

*Casi di immediata liberazione dell'arrestato o del fermato (art. 389 c.p.p.)*

Se risulta evidente che l'arresto o il fermo è stato eseguito per errore di persona o fuori dei casi previsti dalla legge (art. 13 Cost.) o se la misura dell'arresto o del fermo è divenuta inefficace a norma degli articoli 386 comma 7 e 390 comma 3, il pubblico ministero dispone con decreto motivato che l'arrestato o il fermato sia posto immediatamente in libertà. La liberazione è altresì disposta prima dell'intervento del pubblico ministero dallo stesso ufficiale di polizia giudiziaria, che ne informa subito il pubblico ministero del luogo dove l'arresto o il fermo è stato eseguito.

# XIII
# I reati dei pubblici ufficiali e dei privati contro la pubblica amministrazione

## *Pubblico ufficiale e persona incaricata di un pubblico servizio*

Per quanto attiene alla nozione del pubblico ufficiale (art. 357 c.p.) e di persona incaricata di un pubblico servizio (art. 358 c.p.) si rileva che agli effetti della legge penale, sono pubblici ufficiali coloro i quali esercitano una pubblica funzione legislativa, giudiziaria o amministrativa.
Agli stessi effetti è pubblica la funzione amministrativa disciplinata da norme di diritto pubblico e da atti autoritativi e caratterizzata dalla formazione e dalla manifestazione della volontà della pubblica amministrazione o dal suo svolgersi per mezzo di poteri autoritativi o certificativi.
Sono, altresì, incaricati di un pubblico servizio coloro i quali, a qualunque titolo, prestano un pubblico servizio. Per pubblico servizio deve intendersi un'attività disciplinata nelle stesse forme della pubblica funzione, ma caratterizzata, dalla mancanza dei poteri tipici di quest'ultima, e con esclusione dello svolgimento di semplici mansioni di ordine e della prestazione di opera meramente materiale.
La norma poi prevede l'ipotesi della cessazione della qualità di pubblico ufficiale (art. 360 c.p.) nei casi in cui la legge considera la qualità di pubblico ufficiale o di incaricato di un pubblico servizio, o di esercente un servizio di pubblica necessità, come elemento costitutivo o come circostanza aggravante di un reato, la cessazione di tale qualità, nel momento in cui il reato è commesso, non esclude

l'esistenza di questo né la circostanza aggravante se il fatto si riferisce all'ufficio o al servizio esercitato.

### *I reati dei pubblici ufficiali*

I reati dei pubblici ufficiali e contro la pubblica amministrazione sono previsti rispettivamente al libro II Titolo II Capo I, rubricati in *Dei delitti dei pubblici ufficiali contro la pubblica amministrazione* (artt. 314 – 335 bis) i primi e al Capo II, rubricati in *Dei delitti dei privati contro la pubblica amministrazione* (artt. 336 – 356), i secondi. Trattandosi di una materia estremamente vasta e complessa qui di seguito ne presenteremo solo alcuni fra quelli di maggiore interesse per l'attività del pubblico ufficiale.

L'art. 314 c.p. prevedendo il delitto di **Peculato** punisce, con la reclusione da quattro a dieci anni e sei mesi, il pubblico ufficiale o l'incaricato di un pubblico servizio, che, avendo per ragione del suo ufficio o servizio il possesso o comunque la disponibilità di danaro o di altra cosa mobile altrui, se ne appropria.

Si applica la pena della reclusione da sei mesi a tre anni quando il colpevole ha agito al solo scopo di fare uso momentaneo della cosa, e questa, dopo l'uso momentaneo, è stata immediatamente restituita concretizzandosi il c.d. reato di peculato d'uso.

Si ha il reato di **Concussione**, previsto e punito dall'art. 317 c.p. quando il pubblico ufficiale o l'incaricato di un pubblico servizio che, abusando della sua qualità o dei suoi poteri, costringe taluno a dare o a promettere indebitamente, a lui o ad un terzo, denaro od altra utilità. La pena è della reclusione da sei a dodici anni. La condanna per i reati di cui agli artt. 314 e 317 comporta l'interdizione perpetua dai pubblici uffici. Nondimeno, se per circostanze attenuanti viene inflitta la reclusione per un tempo inferiore a tre anni, la condanna importa l'interdizione temporanea.

Secondo l'art. 323 c.p., e salvo che il fatto non costituisca un più grave reato, il pubblico ufficiale o l'incaricato di pubblico servizio che, nello svolgimento delle funzioni o del servizio, in violazione di norme di legge o di regolamenti, ovvero omettendo di astenersi in presenza di un interesse proprio o di un prossimo congiunto o negli altri casi prescritti, intenzionalmente procura a sé o ad altri un ingiusto vantaggio patrimoniale (c.d. abuso d'ufficio) ovvero arreca ad altri un danno ingiusto, è punito con la reclusione da uno a quattro anni. La pena viene altresì aumentata nei casi in cui il vantaggio o il danno hanno carattere di rilevante gravità.

Tra il reati che può compiere il pubblico ufficiale o l'incaricato di un pubblico servizio vi è anche quello del Rifiuto di atti d'ufficio (la c.d. Omissione) di cui all'articolo 328 c.p., quando vi è un indebito rifiuto di un atto del suo ufficio che, per ragioni di giustizia o di sicurezza pubblica, o di ordine pubblico o di igiene e sanità, deve essere compiuto senza ritardo. Il reato è punito con la reclusione da sei mesi a due anni.

Fuori dei casi previsti dal primo comma, il pubblico ufficiale o l'incaricato di un pubblico servizio, che entro trenta giorni dalla richiesta di chi vi abbia interesse non compie l'atto del suo ufficio e non risponde per esporre le ragioni del ritardo, è punito con la reclusione fino ad un anno o con la multa fino a milletrentadue euro. Tale richiesta deve essere redatta in forma scritta ed il termine di trenta giorni decorre dalla ricezione della richiesta stessa.

Un capitolo a parte merita il reato di **Corruzione**. Secondo l'art. 318 codice penale commette il reato di Corruzione per l'esercizio della funzione Il pubblico ufficiale, che, per l'esercizio delle sue funzioni o dei suoi poteri, riceve indebitamente, per sé o per un terzo, denaro o altra utilità, o ne accetta la promessa. La pena è della reclusione da uno a sei anni. La pena è aumentata se il fatto di cui all'art. 319 ha per oggetto il conferimento di pubblici impieghi o stipendi o pensioni o la stipulazione di contratti nei quali sia interessata l'amministrazione alla quale il pubblico ufficiale appartiene nonché il pagamento o il rimborso di tributi. Si tratta di una ipotesi di reato che punisce all' Art. 322 c.p. anche l'istigazione alla corruzione. Infatti chiunque offre o promette denaro od altra utilità non dovuti ad un pubblico ufficiale o ad un incaricato di un pubblico servizio per l'esercizio delle sue funzioni o dei suoi poteri, soggiace, qualora l'offerta o la promessa non sia accettata, alla pena stabilita nel primo comma dell'art. 318, ma la pena è ridotta di un terzo.

Se l'offerta o la promessa è fatta per indurre un pubblico ufficiale o un incaricato di un pubblico servizio a omettere o a ritardare un atto del suo ufficio, ovvero a fare un atto contrario ai suoi doveri, il colpevole soggiace, qualora l'offerta o la promessa non sia accettata, alla pena stabilita nell'art. 319, ridotta di un terzo.

La pena di cui al primo comma si applica al pubblico ufficiale o all'incaricato di un pubblico servizio che sollecita una promessa o dazione di denaro o altra utilità per l'esercizio delle sue funzioni o dei suoi poteri.

La pena di cui al secondo comma si applica al pubblico ufficiale o all'incaricato di un pubblico servizio che sollecita una promessa o dazione di denaro ad altra utilità da parte di un privato per le finalità indicate dall'art. 319.

Vi sono poi una serie di reati previsti dal codice penale che vanno a sanzionare le condotte illecite commesse ai danni dei pubblici ufficiali e incaricato di un pubblico servizio. Fra questi vi sono all'art. 336 c.p. il delitto di **Violenza o minaccia a un pubblico ufficiale** che si configura quando vi è l'uso di violenza o minaccia nei confronti di un incaricato di un pubblico servizio, per costringerlo a fare un atto contrario ai propri doveri, o ad omettere un atto dell'ufficio o del servizio. La pena è della reclusione da sei mesi a cinque anni. La pena è della reclusione fino a tre anni, se il fatto è commesso per costringere alcuna delle persone anzidette a compiere un atto del proprio ufficio o servizio, o per influire, comunque, su di essa.

Commette poi il reato di **Resistenza a un pubblico ufficiale** (art. 337 c.p.) chiunque usa violenza o minaccia per opporsi a un pubblico ufficiale o ad un incaricato di un pubblico servizio, mentre compie un atto di ufficio o di servizio, o a coloro che, richiesti, gli prestano assistenza. Il reato è punito con la reclusione da sei mesi a cinque anni.
Si precisa, altresì, che le pene stabilite negli articoli precedenti sono aumentate se la violenza o la minaccia è commessa con armi, o da persona travisata, o da più persone riunite, o con scritto anonimo, o in modo simbolico, o valendosi della forza intimidatrice derivante da segrete associazioni, esistenti o supposte.
Se la violenza o la minaccia è commessa da più di cinque persone riunite, mediante uso di armi anche soltanto da parte di una di esse, ovvero da più di dieci persone, pur senza uso di armi, la pena è, nei casi preveduti dalla prima parte dell'articolo 336 e dall'articolo 337, della reclusione da tre a quindici anni, e, nel caso preveduto dal capoverso dell'articolo 336, della reclusione da due a otto anni. Le disposizioni di cui al secondo comma si applicano anche, salvo che il fatto costituisca più grave reato, nel caso in cui la violenza o la minaccia sia commessa mediante il lancio o l'utilizzo di corpi contundenti o altri oggetti atti ad offendere, compresi gli artifici pirotecnici, in modo da creare pericolo alle persone.
Di recente nuova re-introduzione si è anche il reato di **Oltraggio a pubblico ufficiale** (art. 341 bis c.p.) il quale punisce, con la reclusione fino a tre anni, chiunque, in luogo pubblico o aperto al pubblico e in presenza di più persone, offende l'onore ed il prestigio di un pubblico ufficiale mentre compie un atto d'ufficio ed a causa o nell'esercizio delle sue funzioni.
La pena è aumentata se l'offesa consiste nell'attribuzione di un fatto determinato. Se la verità del fatto è provata o se per esso l'ufficiale a cui il fatto è attribuito è condannato dopo l'attribuzione del fatto medesimo, l'autore dell'offesa non è punibile. Nella novella il legislatore ha specificato che ove l'imputato, prima del giudizio, abbia

riparato interamente il danno, mediante risarcimento di esso sia nei confronti della persona offesa sia nei confronti dell'ente di appartenenza della medesima, il reato è estinto.

# Riferimenti bibliografici

Cantagalli R., Baglione T., Nannucci U., Ancillotti M. (2010 20^),
*Manuale pratico della polizia giudiziaria*, Laurus Robuffo.
Carta F., Leo I., Pavone F. (2011), *Polizia Giudiziaria. Nozioni operative per ufficiali e agenti*, Eurilink.
Giuliano A. (2004), *Dieci e tutte diverse. Studio sui dermatoglifi umani*, Tirrenia Stampatori.
Ingletti V. (2006 8^), *Diritto di Polizia Giudiziaria. Diritto penale, procedura penale, diritto di polizia*, Laurus Robuffo.
Scipio D. (A cura di) (2007), *Ispezioni, perquisizioni e tecniche operative*, OGM editore.
Terracciano U. (2009), *Prontuario delle Indagini di Polizia*, Sapignoli.
Terracciano U., Carretta P. (2016), *Il prontuario operativo per le forze di polizia*, Sapignoli.
Vigna P. L. (2000), *Codice penale, Codice di procedura penale, norme speciali*, Laurus Robuffo.
Vigna P. L. (2010), *Elementi di procedura penale per la Polizia Giudiziaria*, Laurus Robuffo.

## Sitografia

http://www.altalex.com/
http://www.brocardi.it/codice-penale
http://www.camminodiritto.it/
http://www.diritto.it/
http://www.filodiritto.com/articoli/2009/11/le-impronte-digitali-tra-fisiologia-e-valore-giuridico/

http://www.penalecontemporaneo.it/

www.ingramcontent.com/pod-product-compliance
Lightning Source LLC
Chambersburg PA
CBHW072234170526
45158CB00002BA/891